HEYNE FILMBIBLIOTHEK

FRITZ LANG
Seine Filme – sein Leben

von LUDWIG MAIBOHM

Originalausgabe

WILHELM HEYNE VERLAG
MÜNCHEN

Redaktion: Bernhard Weidner

Copyright © 1981 by Wilhelm Heyne Verlag, München
Umschlag- und Rückseitenfoto: Stiftung Deutsche Kinemathek, Berlin
Innenfotos: Stiftung Deutsche Kinemathek, Berlin; Archiv des Autors
Umschlaggestaltung: Atelier Heinrichs & Schütz, München
Printed in Germany 1981
Druck und Verarbeitung: Ebner Ulm

ISBN 3-453-86034-9

Inhalt

- 7 Vorwort
- 11 Wanderjahre
- 15 Berlin wird aufmerksam
- 41 Die Dioskuren Lang/Harbou
- 53 Nibelungen I und II
- 78 Amerika-Trip mit Folgen
- 106 Schöpferische Pause
- 109 UFA braucht Lang
- 126 Reise zum Mond
- 136 »M« – ein Film-Klassiker
- 159 Mabuse und seine Folgen
- 168 Flucht und Neu-Start
- 174 Fritz Lang-Filmografie von 1917–1933

Amerika – Das zweite Leben von 1933–1976

- 181 Wiedersehen mit Hollywood
- 189 Der Perfektionist
- 203 Kriegsjahre
- 218 In eigenem Heim
- 237 Der Weg zurück
- 257 Filmografie für die Zeit von 1934–1960
- 268 Register

Vorwort

»Wenn ich zurückdenke und all' die 43 von mir inszenierten Filme gedanklich Revue passieren lasse – angefangen 1919 mit dem 1608 Meter langen abendfüllenden Streifen *Halbblut* bei der (damals noch von Erich Pommer künstlerisch und administrativ gelenkten, später in der UFA aufgegangenen) DECLA = *BIOSKOP* im einstigen Neu-Babelsberg bei Berlin, über die letzte, von mir ›regierte‹ amerikanische Produktion *Beyond a reasonable doubt* im Jahre 1956 bis zur letzten Regie-Arbeit für Artur Brauners Berliner CCC-Gesellschaft *Die tausend Augen des Doktor Mabuse* in den Spandauer Ateliers im Jahre 1960 – ist mir mein erster Tonfilm ›M‹ doch mein liebstes Film-›Kind‹ geblieben...«

Der einstige Beherrscher deutscher, europäischer und später überseeischer Aufnahme-Studios, der in Wien geborene anfängliche Architektur- und Malerei-Student Fritz Lang, behauptete es in seinem am Canyon des Summit Ridge Drive der kalifornischen Künstler- und Prominenten-Kolonie Beverly Hills gelegenen Bungalow. Das war kurz vor seinem Tode im Jahre 1976.

»Vielleicht kommt das 1936 für Metro-Goldwyn-Mayer gedrehte, seinerzeit hitzige Diskussionen auslösende Bergarbeiter-Drama *Fury* mit dem vitalen Spencer Tracy an ›M‹ heran. In etwa zumindest. Aber mit dem vertonten Kindermörder-Stoff beschritt ich nach meiner letzten utopischen Stummfilm-Arbeit *Frau im Mond* – wie vorher *Spione* in eigener Produktionsfirma gedreht – ganz neue Wege. Auf Anhieb sozusagen...«, fügte der eigenwillige, 1890 geborene Maler-Regisseur, seine Katze Blui und Hund Macky liebevoll hinter den Ohren kraulend, bei unserem letzten Wiedersehenstreff vor seinem Ableben wörtlich hinzu. Ein wenig gebeugt, von leiser Melancholie überschattet, und ohne das Einglas im linken Auge!

Der Schöpfer eigenwilliger und bannender Massenszenen wie

in den *Nibelungen* und *Metropolis* sowie stiller, poetischer Bildfolgen aus Licht und Schatten wie 1921 in *Der müde Tod* und 1955 in *Moonfleet* mit dem eingedeutschten Titel *Das Schloß im Schatten,* in jenen Tagen aus der Hand des deutschen Botschafters mit dem Bundesverdienstkreuz ausgezeichnet und geehrt, vermochte das zu seinem »Image« gehörende und buchstäblich wie aus dem Gesicht geschnittene Monokel nicht mehr einzuklemmen. Um dieses Einglas hatte es schon in den Berliner Tagen eine Legenden-Bildung gegeben. Eine bösartige: Man dichtete dem hochgewachsenen Mann, der einen Blick für Bildwirkungen und -effekte wie kein Zweiter hatte und Szenen mit zeit- und zuweilen auch geldraubender Sorgfalt und Akribie so gestaltete, bis sie in Einstellungswahl und Bildfolge nach der Script-Vorlage seinen Vorstellungen überzeugend entsprachen, Arroganz und Überheblichkeit an.

Dabei war die einglasige Sehhilfe aufgrund der früheren Arbeitsweise in den Filmateliers unumgänglich geworden:

Der spätere Regie-Großmeister hatte in den zwanziger Jahren, als man noch offene Lampen und Scheinwerfer mit zischenden Kohlestäben verwendete, einen Metallsplitter ins rechte Auge bekommen. Daraus entwickelte sich eine Narbe auf der Pupille, die später, in der Emigration, nicht richtig behandelt wurde. Auf diesem Auge sah er dann nur noch Schatten. Das linke Auge wurde dadurch stärker belastet und litt seit Anfang der vierziger Jahre an Glaukom. Mit Tropfen vermochte man die reduzierte Sehkraft zumindest zu regulieren. Infolge erhöhten Blutdrucks bildete sich ein Bluterguß im Auge. Die Folge: Das Sehvermögen nahm von diesem Zeitpunkt an mehr und mehr ab. Als er 1976, umhegt und betreut von Lily Latté, seiner Wegbegleiterin aus alten Berliner Tagen, an der kalifornischen Pazifikküste starb, war er fast blind.

Seine Werke aber sind unsterblich geworden. Sie werden wie Kleinodien in allen Film-Museen auf diesem Planeten verwahrt und in Retrospektiv-Aufführungen bewundert wie einst. Und das nicht nur von Cinéasten! Dabei haben es alte Filme schwer:

Altersschwächen der Kopie, zeitgebundene Eigenheiten des schauspielerischen Stils und der Kameraführung, in Kostümierung und Sprechweise, dazu ein Publikum, das nicht immer gelernt hat, Filme mit Augen zu sehen, das alles ist bei vielen Zelluloid-Klassikern ein nicht überschaubares Handicap.

Nicht so bei Fritz Lang. Seine Bilder-»Sprache« ist bis heute unerreicht. Angefangen von den pathetischen *Nibelungen* bis zum expressionistischen ›M‹ mit den steilen, die Perspektiven jagenden Kameraschüssen, mit bedeutsam wirkenden Schrägen und kühnen, jähen Sprüngen zwischen Totalen und Naheinstellungen. Für den Kinobesucher von heute erscheint da manches märchenhaft. Aber das hat das »Klassische« wohl an sich ...

Auf Fritz Lang trifft zu, was eine französische Zeitschrift nach der Pariser Uraufführung des *Müden Tod* enthusiastisch schrieb und was symbolhaft für sein späteres Schaffen wurde:

»Die ihr an die Zukunft des Kinos glaubt, seht euch dieses Lichtspiel an. Die ihr dem Kino mißtraut, seht es euch erst recht an ---, aber laßt alle dummeWeisheit, laßt die Hamburgische Dramaturgie und den Laokoon zu Haus. Denn ihr seid bei einer neuen Muse zu Gast: Dem Licht *spiel*...«!

Fritz Lang hat Zeit seines Lebens im Regiestuhl nach dieser Maximal gearbeitet, Thema und Handlungsablauf nur durch das Kameraobjektiv zu betrachten und filmisch zu gestalten. Das war epochemachend und richtungsweisend für die gesamte Kinomatographie. Egal, ob mit der Faszination des Grauens und der Furcht (wie später nur noch der von ihm inspirierte Hitchcock), oder im Gegensatz dazu in Bildern nach romantischen, volksliedhaften Stoffvorlagen in »anschaulicher« epischer Breite. In der »Cinémathèque Française« in Paris, mit Fritz Lang durch langjährige Freundschaft zu deren Gründer und Leiter Langlois eng verbunden, ebenso wie in der University of California in Los Angeles ist das für jedermann einsichtbar ...

Als sein späterer Wegbegleiter und Freund des großen Filmschöpfers bis zum Ende seiner Tage, blende ich - wie's in der Drehbuchsprache fachlich-treffend heißt - aus dem Leben und

Schaffen dieses Pioniers der Filmkunst noch einmal auf: »Innen (also in die Ateliers), »außen« (ergo: bei Aufnahmen unter freiem Himmel), wie auch hinter die privaten »Kulissen«. Es ist ein Stück Film*geschichte*...

Ludwig Maibohm
München, im Sommer 1981

Wanderjahre

Mit Goethes *Faust* und Friedrich Nietzsches klassischen Philologie-Heften im Tornister waren die deutschen Kriegsfreiwilligen 1914 ins Feld gerückt. Nach vier Jahren Trommelfeuer und Stellungskrieg waren die, die übrig blieben, in die Heimat zurückgekehrt. Die ehemals feinfühlenden, feinfühligen und feinnervigen, von Idealen erfüllten jungen Vaterlandsverteidiger standen in zerschlissenen Uniformröcken, gesundheitlich angegriffen, körperlich gezeichnet vor dem Nichts! Was sollte kommen? Was sollte werden? Chaos war das Schlagwort der Leitartikler. Der falsche Schein regierte. Und später die immer wertloser werdenden Scheine...

Der Tanz auf dem Vulkan der ersten deutschen Republik begann. Und der Kampf um Ideen, um Ideologien. Besonders auf dem Gebiet der Kunst. Der Impressionismus der Rodins und Renoirs war passé. Ein neues Schlagwort, ein neuer künstlerischer Ausdruckswille, neue Stile setzten sich durch: Die Sachlichkeit, Realismus, Expressionismus!

Nicht nur in Deutschland allein. Ebenso an den Literaten-Stammtischen der Prager Staré Město, der winkeligen Altstadt, dem Wiener round table-Treffpunkt des vielgerühmten Kaffeehauses mit den schrift- und wortgewaltigen Weltverbesserern Karl Kraus, Egon Friedell, Anton Kuh, der Avant-Garde am Rendezvous-Point im Pariser Café du Dôme, dem Münchner Künstlerviertel Schwabing mit seinen schattigen Biergärten, Hinterhof-Ateliers und Brettl-Kneipen. Weltzentrum der neuen Zeit war in jener Epoche jedoch zweifellos *Berlin!*

Die damalige Reichshauptstadt bildete trotz der zeitlichen Misere geradezu den Nährboden der »neuen« bildenden Kunst, ebenso wie für Forschung, technische Entwicklung und vieles mehr. Aber ganz besonders für das Theater und auch das neue Medium, den Film.

Gustav Hillard, Anfang der zwanziger Jahre Dramaturg beim Theater-Papst Max Reinhardt, prägte damals den vielsagenden Satz, Berlin sei in Wahrheit eine prometheische Stadt, die das Feuer aus allen Himmeln hole und an die Menschen weitergebe.

In jenen Jahren spielten fünfunddreißig Bühnen in dieser pulsierenden, jagenden, ewig hastenden Spree-Metropole. Zuweilen sogar vierzig. Damals...

Ein Berlin-Engagement bedeutete einst (wie oft auch heute wieder) für jeden Schauspieler und Künstler das Glück seines Lebens. Über siebentausend Schauspieler gab es damals zwischen Havel und Panke. Einschließlich der arrivierten Statisten. Die meisten sogar in gut-»gespielter« Doppelrolle unter den gleißenden Filmatelier-Jupiterlampen wie hinter den Lichtern der Bühnenrampen.

In den Jahren von 1918 bis 1926 und später noch einmal mit Beginn der Tonfilm-Ära waren 8000 Darsteller bzw. Komparsen bei insgesamt 37 Produktions-Gesellschaften registriert und beschäftigt. Von ihnen galt die heute schon zur Legende gewordene UFA als die bekannteste.

Es ist statistisch erwiesen, daß es bis in die Mitte der zwanziger Jahre in aller Welt üblich war, sich außer am Theater auch am deutschen Film zu orientieren. Ein einziger deutscher abendfüllender Streifen wog in London die Premiere von zwanzig amerikanischen Großfilmen auf. Das war auf keinem deutschen Reklame-Waschzettel zu lesen. Es war das fachmännische Urteil des englischen Film-Historikers Paul Rotha.

In dieser Zeit kam Friedrich Christian Anton Lang aus seiner Heimatstadt Wien in die deutsche Hauptstadt. »Ich entstamme einer durchaus bürgerlichen Familie als einziger Sohn des Architekten Anton Lang und meiner im mährischen Brünn geborenen Mutter Paula.«Am 5. Dezember 1890 erblickte ich das Licht der Welt...«, erzählte er mir... und fügte schelmisch-augenzwinkernd hinzu, daß dies nicht ganz stimme. Denn: Neugeborene vermögen anfänglich überhaupt nicht sehen... (Echt Lang...!)

Immerhin: In den ersten zehn Lebensjahren wohnte er zusammen mit seinen gutsituierten Eltern in der Weihburggasse 18 des I. Wiener Bezirks, später, nach dem Umzug im VIII. Bezirk, der Josefstadt also, in der Max Reinhardt sein epochemachendes, für junge Schauspieler ungemein karriereförderndes Theater unterhielt.

Lang wörtlich weiter: »Schon während der Schulzeit machten sich bei mir künstlerische Neigungen bemerkbar. Zeichnen und Malen waren damals meine Lieblingsbeschäftigungen. Mein ganzes Streben ging dahin, Kunstmaler zu werden. Sehr gegen den Willen meines Vaters, der mich für das akademische Ingenieur-Studium bestimmte. Auf seinen Wunsch studierte ich an der Technischen Hochschule, beschäftigte mich aber auch dort mit der Malerei, nur zwar mehr, als mit meinem Studium. Schon nach wenigen Monaten kam ich dahinter, daß die Ingenieurlaufbahn für mich nicht das Richtige sei. Die für mich einzig logische Schlußfolgerung: Alles abzubrechen und durchzubrennen! Das geschah – mit dem ›fürstlichen Vermögen‹ von 40 Kronen in der Tasche...

München war das erste Ziel. Die Galerien in der Isar-Metropole, die Museen in Nürnberg sahen mich sozusagen als Dauergast.

Es folgten Jahre des Wanderlebens. Deutschland, Belgien, Holland, die Mittelmeerländer und die afrikanischen Küstengebiete waren meine Stationen. Meinen Lebensunterhalt bestritt ich mit Malen und Zeichnen. Zwischendurch verdiente ich mir als Kunstschütze und Conférencier in einem Wanderzirkus das Nötigste zum Essen und Schlafen...

Dann folgte Paris mit einer Periode intensiven künstlerischen Schaffens. Bei einem Tagesausflug ins belgische Brügge hatte ich mein erstes entscheidendes Zusammentreffen mit dem Film. In der Einsamkeit dieser Stadt haftete ein Filmbild in mir. Es ließ mich nicht wieder los. Ich ahnte neue Möglichkeiten. Wieder in Paris, war ich bereits völlig im Banne des Zelluloids.«

Der Krieg unterbrach die Entwicklung des schon damals eigenwilligen Globetrotters.

»Mit den uns Jungen eigenen Idealen im Herzen verließ ich die französische Hauptstadt, trampte nach Wien und trat in das Österreichische Heer ein. Dreimal verwundet, schrieb ich im Lazarett Kurzgeschichten und Filmsujets. Das erste Script, ein fünfaktiges Melodrama, verwertete der Regisseur Adolf Gärtner für die Berliner Stuart Webbs-Produktionsfirma.

Berlin wird aufmerksam

Die Aufführung dieses Streifens unter dem vielsagenden Titel *Die Peitsche* hatte Folgen. Joe May, gebürtiger Wiener wie Fritz Lang, war aufmerksam geworden und suchte sofort Kontakt zu dem jungen Autor.

Der figürlich kleingewachsene österreichische Film-Produzent hatte sich, zusammen mit dem aus England zurückgekehrten Ernst Reichert, auf sogenannte Detektiv-Filme spezialisiert

Fritz Langs Entdecker Joe May (links) spielt Gustav Froehlich bei den Aufnahmen zu dem Film »Heimkehr« eine Szene vor

und galt als der »Erfinder« der beim Publikum erfolgreichen Stuart Webbs-Serie.

May, der eigentlich Josef Mandel hieß, war – wie so viele neben und später nach ihm – aus der Textilbranche zum Film gekommen, hatte im damals noch habsburgischen Triest ein gut florierendes Blusengeschäft unterhalten, verkaufte später in Wien Autos und kam nach einem Zwischenspiel als Rennstallbesitzer zum Film. Es dauerte nicht lange und er ließ sich Briefköpfe mit dem Namen MAY-FILMGESELLSCHAFT drukken. Zusammen mit Reichert, dem Mann, der für den Film als erster die Kriminalinspektoren-Figur mit Shag-Pfeife und Sportmütze kreierte, scheffelte er Geld. 1915 gab's jedoch Krach. Man wurde sich über die Finanzen nicht einig. May stieg aus der Firma aus und schuf »seinen« Detektiv Joe Debbs. Das war damals (noch) möglich. Denn »Patente« auf solche Gestalten gab es nicht. Aber auch dieser »Rächer der Enterbten« war eine Zugnummer für's Kino.

May hatte jedoch größere Rosinen im Kopf und verlegte sich auf sogenannte Monumental-Streifen. Die Hauptrolle spielte meistens seine Landsmännin Mia, geborene Pfleger. Mit ihr zusammen drehte der quicke Joe 1918 für 750 000 Mark einen dreiteiligen abendfüllenden Fortsetzungs-Reißer *Veritas Vincit* (»Die Wahrheit siegt«). Das nächste Negativ wurde mit noch mehr Spannung belichtet: *Die Herrin der Welt*. May hatte neben seinem eigenen Atelier in Weißensee im Berliner Nordosten ein großes Freigelände von 100 Morgen erstanden. Hier, im südostwärtigen Randgebiet von Groß-Berlin an der Wolterdorfer Schleuse, fand er die geeignete Szenerie mit Wäldern, Heideflächen, Sandhügeln, sowie die Rüdersdorfer Kalkberge für die »Herrin«... Das war natürlich niemand anderes als Mia, inzwischen mit ihm ehelich verbunden. Und auch daheim »tonangebend«.

Dieser Joe May hatte Fritz Langs Schreibtalent und Ideenvielfalt mit dem *Peitsche*-Sujet sozusagen entdeckt und ermunterte ihn, auch für ihn Scripts zu Papier zu bringen. Der spielte damals

Ein frühes Selbstportrait von Fritz Lang

als Rekonvaleszent am Wiener »Ronacher«-Theater die Rolle eines preußischen Offiziers. Peter Ostermayr hatte ihn bei einer Theateraufführung für das Rote Kreuz als Amateur-Mimen auf der Bühne gesehen und ihn engagiert. Das war nicht so einfach. Denn Fritz Lang hatte eine höhere Gage als die von Ostermayr ausgesetzten 750 Kronen verlangt und mit keckem Selbstbewußtsein auch 1000 Kronen herausgeholt. (Von der Armee wurden ihm dagegen allmonatlich nur 120 ausgezahlt).

Er akzeptierte Mays Angebot und schickte ihm noch während seines Bühnenengagements Handlungsaufrisse für *Die Hochzeit im Exzentrikklub* und *Hilde Warren und der Tod*. May akzeptierte diese Stoffe postwendend und inszenierte sie auch persönlich hinter der damals noch mit der Hand betätigten Kamera. Bei den nächsten beiden »Stücken« war Otto Rippert der Regisseur. Die Titel: *Pest in Florenz* und *Die Frau mit den Orchideen*.

Inzwischen passierte Folgendes: Erich Pommer, Chef der renommierten Berliner DECLA-BIOSKOP und während des Krieges als Filmbeauftragter für das kriegsamtliche Bild- und Filmamt, kurz BUFA genannt, auf dem Balkan tätig, machte auf der Rückreise von Berlin nach Bukarest Zwischenstation in Wien. Als ambitionierter Theatermann besuchte er während seines 24-Stunden-Stops an der Donau die Aufführung im »Ronacher«. Dort sah der als Sohn eines Pelzhändlers im niedersächsischen Hildesheim geborene und später der Europa-Filiale der Gaumont-Filmfirma vorstehende, im Kriege zweimal verwundete, 1916 als Leiter der deutschen Filmpropaganda eingesetzte Fach-Experte den hochgewachsenen Blondschopf Lang, stieß sich jedoch zunächst an dessen – laut Rollenanlage allerdings gewünschten – Arroganz. Aber es ging eine unwiderstehliche Faszination, ein ganz eigenes Fluidum von diesem jungen Mann aus. Daher arrangierte der Dauerraucher Pommer mit ihm einen Treff in einer Bar in der Kärntnerstraße, dem Flanier-Boulevard zwischen Steffl und Oper.

Der DECLA-Boß hatte den richtigen Riecher. Nicht umsonst ging ihm später der Ruf des unvergleichlichen Talent-Scouts nach. Und der eines Mannes, der künstlerische Belange mit jenem Talent für die auch in der Filmbranche wichtige Administration wie kein Zweiter in sich vereinte. Er war – Originalton

Lang –, ein wahrer Genius in den großen Jahren deutschen Filmschaffens, ein wirklich großer, großer Mann...«

Er hatte dem Kinowesen von der Pike auf gedient, war mit ihm organisch gewachsen und lebte praktisch nur für den Film. Er gab zunächst der DECLA und später auch der mit der UFA fusionierten Gemeinschaftsfirma ihr Gesicht und verhalf ihr mit der Produktion unvergessener Streifen zu unvergeßlichem Ruhm. Und das auch schon als Verantwortlicher für die »Deutsche Eclair Film- und Kinematographen-GmbH«, eine Tochtergesellschaft der Pariser ECLAIR, später verbandelt mit der ältesten deutschen Filmfirma, »Deutsche Bioskop AG« und von Mitte der Zwanziger Jahre an vor allem im Zeichen des UFA-Rhombus'. Zunächst vom pompösen Verwaltungsgebäude am Potsdamer Platz aus, später bis zu seiner Emigration in der Viktoriastraße 25, Berlin W.

Ein besonderes Verdienst hatte sich Erich Pommer aber vornehmlich mit der Schaffung der Filmstadt Neu-Babelsberg vor den Toren Potsdams erworben. Und das kam so:

Die alten grauen Dachateliers in der Chausseestraße in der Berliner City reichten nicht mehr aus. Weder räumlich noch im Hinblick auf die größer werdenden technischen Ansprüche. Durch puren Zufall hatte man ein ideales Gelände ausgemacht, auf dem die Ruine einer Kunstblumenfabrik vor sich hingammelte. Man griff zu und kaufte das Grundstück von zirka 40 000 Quadratmetern. Das war nicht nur für Erich Pommer und seine beiden DECLA-Geschäftspartner Eugen Baruch und Hermann Saklikower ein Glücksfall, sondern vielmehr sogar für das gesamte deutsche, ja selbst das internationale Filmwesen. Das später auf 257 903 Quadratmeter vergrößerte Areal – mit einer Tiefe von etwa 750 und einer Breite von 350 Metern sowie anfänglich zwei, in der Folgezeit erheblich erweiterten Ateliergebäuden, einer Freilichtbühne und einer Freilichthalle mit einer Länge von 100 Metern – galt schon in jenen Tagen als das Non plus ultra in diesem Genre. Hollywood eingeschlossen...

Fritz Lang hatte Feuer gefangen und akzeptierte Pommers

verlockendes Angebot, von der Donau an die Spree zu übersiedeln. Das geschah Ende 1918, nach Beendigung des Krieges. Am Dramaturgen-Tisch Joe Mays konzipierte er, zusammen mit einer von Einfällen nur so sprühenden blonden Dame, das Drehbuch für einen Zweiteiler, den *Tiger von Eschnapur* und *Das indische Grabmal*: Thea von Harbou! Deren Erfolgsromane waren zu dieser Zeit die interessantesten Unterhaltungs-Veröffentlichungen der im Ullstein-Verlag erscheinenden BERLINER ILLUSTRIRTEN. Diese Erfolgsautorin hatte auch den Vorwurf für den exotischen Stoff geliefert und zusammen mit Fritz Lang in packende Szenen gegliedert. Der war bei der Abfassung des asiatischen Märchens der Meinung gewesen, es selbst inszenieren zu können. Joe May schnappte es ihm jedoch vor der Nase weg. Grund genug für Lang, May den Rücken zu kehren. Er hatte die Episoden bereits szenisch aufgegliedert und auch die Dekorationen entworfen. Er konnte ja ausgezeichnet mit Kohle, Stift, Farbe und Pinsel umgehen und hatte sich damit ja in seinen Vorkriegs-Wanderjahren mit gezeichneten Postkarten in Brüssel und Paris seinen Lebensunterhalt verdient.

Thea von Harbou tröstete den aufgebrachten, ambitionierten jungen Mann und versprach, mit ihm zusammen einen neuen Film zu schreiben. Mit ihm als Regisseur!

Proben seines Könnens hatte er in einem Abendfüller mit dem Titel *Halbblut* geliefert, handgekurbelt von Carl Hoffmann, einem der großen Pioniere der Kamera.

Nach einem vertragsbedingten erneuten »Rückfall« als Autor dreier Filme für Regie-Altmeister Otto Rippert, nämlich *Pest in Florenz*, *Totentanz* und *Die Frau mit den Orchideen* inszenierte er *Der Herr der Liebe*. Thema und Drehbuch hatte ein gewisser Leo Koffler geliefert und Pommer hatte es zur Realisierung seinem ambitionierten »jungen Mann« übertragen. Der DECLA-Boß war von Langs Intuitionen als Szenen-Gestalter sehr angetan und gab anschließend sofort »grünes Licht« für ein weiteres Projekt, das Lang selbst und allein geschrieben hatte. Arbeitstitel: *Die Spinnen*. Ein exotisches Thema, für das Lang als Hauptdar-

In dem Film

HALBBLUT

Verfaßt und inszeniert

von

Fritz Lang

betont die DECLA mit Nachdruck ihren Standpunkt für die Produktion der nächsten Saison, dahingehend, daß der große Erfolg eines Films nicht nur in der tadellosen Besetzung der Titelrolle, sondern daneben in einer harmonisch ausgeglichenen Zusammenwirkung mehrerer gleichwertiger künstlerischer Kräfte liegt. **Ressel Orla** in der tragenden Rolle kann bei einem Partner wie **Carl de Vogt** und im Gegenspiel mit **Paul Morgan** ihre Fähigkeiten naturgemäß in höchster Vollendung entfalten, und **Fritz Lang** als Autorregisseur ist in der Lage, seine Künstler derart mit sich fortzureißen, daß ein einheitliches Ganzes von wahrhaft künstlerischem Wert entsteht.

Erstaufführung: Marmorhaus, 3. April 1919

Fachpresseinserat zu Fritz Langs erstem, von ihm allein inszenierten Spielfilm »Halbblut« (1919)

steller erneut Carl de Vogt vorschlug. Der hatte bereits in *Halbblut* und anschließend in *Der Herr der Liebe* mitgewirkt und erhielt nun auch für diesen Streifen die Vertragsunterschrift von Erich Pommer. Neben de Vogt gab der ideenreiche und phantasiebegabte Fritz Lang einer jungen Schauspielerin eine Debut-Chance, die später zu einer der großen Damen des deutschen Films avancierte: der auf Java geborenen, attraktiven Lil Dagover.

Der Film wurde ein Renner. In der gesamten Branche horchte man auf, der Name Fritz Lang war in aller Munde.

Die Publikumsresonanz nach den *Spinnen* animierte Pommer, Lang eine Fortsetzungs-Geschichte ersinnen zu lassen und mit ihr ins Atelier zu gehen. Das bedeutete keine Schwierigkeit für den Besessenen. Nach dem ersten Teil *Der goldene See* füllte

Exotisches Milieu in einer Szene des 1919 entstandenen Fritz-Lang-Films »Harakiri« mit (von rechts) Lil Dagover, Niels Prien, Rudolf Lettinger, Harry Frank, Erner Hübsch

Szenenfoto aus dem 1919 entstandenen Fritz-Lang-Film »Harakiri« mit Niels Prien (oben), Harry Frank (links) und H. Müller (rechts)

Mia May, die Frau des Produzenten Joe May, und Hans Marr in dem 1920 von Fritz Lang inszenierten Film »Das wandernde Bild«. Das Drehbuch schrieb Lang zusammen mit Thea von Harbou.

auch Teil II Das Brillantenschiff die Kassen. Es folgte ein 2032 Meter langes »Oeuvre«, das an den Kinoeingängen mit *Das wandernde Bild* plakatiert war. Das nächste war dagegen rund 300 Meter kürzer und lief unter dem Titel *Kämpfende Herzen*.

In dieser Produktion hatte es nach der gemeinsamen Autoren-Zusammenarbeit für Joe Mays *Tiger von Eschnapur* und dem *Indischen Grabmal* erstmals wieder eine neue Ideen-Inspiration und ein gemeinsames Wirken an der Schreibmaschine mit Thea von Harbou gegeben. Die im oberfränkischen Tauperlitz in der Nähe von Hof geborene Schriftstellerin war zu dieser Zeit noch mit dem Kölner Mimen und damals in Nürnberg engagierten Bühnen-Darsteller Rudolf Klein-Rogge verheiratet. Aber nicht

Mia May in dem Fritz-Lang-Film »Das wandernde Bild« (1920/21)

Hans Marr und Mia May in »Das wandernde Bild« (Fritz-Lang-Film von 1920/21)

mehr lange. Fritz Lang wurde 1920 ihr neuer ehelicher Partner. Die Gemeinschaft Autor – Regisseur bildete ein Team, das dem deutschen Film eine bis dahin nicht erreichte Geltung in aller Welt verschaffte. Die Lang-Harbou-Erfolge basierten in erster Linie auf dem künstlerischen Gleichklang. (Der übrigens auch dann noch Bestand hatte, nachdem die eheliche Bindung nur noch formell existierte). Beider gemeinsames Wirken und die epochemachenden Großfilme wurden von den Projektoren aller Länder auf die Kinoleinwand geworfen.

Rechts: 1920/21 drehte Fritz Lang den Film »Die Vier um die Frau«. Das Berliner Premierenkino »Marmorhaus« ließ sich zur Uraufführung dieses Linolschnitt-Plakat anfertigen. Bemerkenswert der Druckfehler: Die Hauptdarstellerin hieß Carola Toelle (und nicht Trölle).

DIE VIER UM DIE FRAU

REGIE:
FRITZ LANG
MANUSKRIPT:
E VANLOO

ANTON EDTHOFER RUDOLF KLEIN-ROGGE

CAROLA TRÖLLE LUDWIG HARTAU

MARMORHAUS

Der nächste Film wurde ein Meisterwerk. Es war *Der müde Tod*, eine Filmballade, die in irrealen Szenen dem Wesen des Todes nachspürte. Die Hauptrollen spielten die 1980 in München verstorbene Lil Dagover, Bernhard Goetzke und Walter Janssen.

Theas Stil war und blieb typisch schwärmerisch-romantisch:

> Es liegt ein Städtchen irgendwo
> Im Tale traumversunken,
> Drein zogen liebestrunken
> Zwei Menschen jung und lebensfroh.

Werbeplakat zu Fritz Langs erstem zweiteiligen Film »Die Spinnen« (1919, 1920)

Szenenfoto aus Fritz Langs »Der müde Tod« mit Hans Sternberg (links) und Bernhard Goetzke. Die Dekoration stammt von Walter Roehrig.

> Doch von den Bäumen allen
> Die goldnen Blätter fallen
> Wie Tränen dicht im Abendrot...
> Am Kreuzweg, wo schon viel geschah,
> Steht ihrer wartend, schweigsam da
> Der Tod...

Das waren die Einführungsworte zu dem Film, durch den sich die Poesie wie ein goldenes Band zieht. Er fiel vollkommen aus dem Rahmen des Üblichen. »Ohne Mühe wird er sich die Welt erobern. Jeder Vers, jedes Bild ein Trick, das dem Ganzen ein edles, erhabenes Gesicht verleiht. Mit einem Wort: Er ist etwas Neues, nie Dagewesenes. Die Handlung, die auf so fester Basis ruht, die raffinierte Technik, die vorzüglichen Aufnahmen, das

Lil Dagover und Karl Huszar in Fritz Langs »Der müde Tod« (1921). Die Dekoration erstellt Robert Herlth.

Lil Dagover und Karl Platen in dem 1921 von Fritz Lang inszenierten Film »Der müde Tod«.

vollkommene Aufgehen des ganzen Künstlerstabes in der Aufgabe, machen den Film zu einem sehenswerten Kunstwerk. Wird die künftige Filmarbeit auf diesem Wege fortgesetzt, kann man mit Recht sagen, daß der Film in den Wehen einer neuen, zukunftsreichen Geburt liegt...!«, hieß es im Düsseldorfer KINEMATOGRAPH. Und in der BERLINER BÖRSENZEITUNG schrieb nach der Berliner Uraufführung am 7. Dezember 1921 der verantwortliche Filmredakteur:

»Fritz Lang, der als Verfasser und Regisseur zeichnet, ist ein großer Wurf gelungen... Zunächst zwei Akte, die einen in helles

Eduard von Winterstein und Lil Dagover in Fritz Langs »Der müde Tod« (1921).

Entzücken versetzen können. Wunderfein gezeichneter Kleinstadtzauber, ein vollendetes Idyll, dazu eine sinnige Liebesgeschichte. Stimmungsmalerei, wie sie im Film nie besser gelungen ist ... Es liegt unendlich viel Poesie in dem Stoff ... Nicht zuletzt sind die gut gelungenen Akte dem Können des Architekten Walter Roehrig zuzuschreiben, der sehr eindrucksvolle Bilder schuf, ...«

Noch eine Pressestimme aus jenen Tagen: »Es liegt etwas Ergreifendes in der zarten, von feinstem Empfinden getragenen Gestaltung des primitiven Stoffes, die am schönsten ist in dem altdeutschen Teil des Films. Die Geschichten der drei Lichter fallen aus diesem Rahmen ein wenig heraus und scheinen mehr eine Konzession an den Geschmack des Publikums, die man noch immer machen zu müssen glaubt. Es soll aber nicht geleugnet werden, daß auch diese Teile, die in der Stadt der Gläubigen zur Zeit des Rhamadan, im Florenz der Renaissancezeit während des Karnevals und im Reich der Mitte spielen, in ihrer wundervoll harmonischen Ausgestaltung einen eigenen Reiz bieten. Der chinesische Teil, der wie ein barockes Märchen anhebt, bietet zudem in zahlreichen Zauberstückchen eine Fülle der reizendsten Überraschungen (das aus dem Kästchen marschierende Heer, der Zauberteppich, die Verwandlungen durch den Zauberstab), die auch die technische Seite des Films in blendendem Licht zeigt.«

Erstmalig hatte Lang einen Kameramann eingesetzt, der ihm bis zu seiner Emigration noch sehr oft die jeweiligen Handlungsszenen in bewegte Bilder umsetzte: Fritz Arno Wagner. Er

Bernhard Goetzke, Lil Dagover und Walter Janssen in dem 1921 gedrehten Fritz-Lang-Film »Der müde Tod«. Die Dekoration schuf Walter Roehrig.

Bernhard Goetzke und Paul Rehkopf in einer von Hermann Warm gebauten Friedhofsszene des Fritz-Lang-Films »Der müde Tod« (1921).

Vorhergehende Doppelseite: Szenenfoto aus dem Fritz-Lang-Film von 1921 »Der müde Tod«. Im Vordergrund: Bernhard Goetzke.

Das sehr dezent gestaltete Plakat zu dem 1921 gedrehten Fritz-Lang-Film »Der müde Tod«.

war für die venezianischen, orientalischen und chinesischen Phasen verantwortlich. Für den sogenannten »altdeutschen Teil« drehten Erich Nitschmann und Hermann Saalfrank die Kurbel. Um das Tempogleichmaß nicht zu unter- bzw. zu überdrehen, mußten sie zählen. Bis man später einen Antriebsmotor erfand.

Die drei schufen Bilder von märchenhaftem Zauber. Nach dem Harbou/Lang-Drehbuch waren sie ja gezwungen, möglichst alles durch die Fotografie auszusagen. Man mied, so weit

Szenenfoto aus Fritz Langs »Der müde Tod« (1921) mit Bernhard Goetzke und Lil Dagover.

möglich, Zwischentitel. Je weniger sie den Ablauf des Films unterbrachen, desto »dichter« wurde er. Während der Dreharbeiten wurden immer neue Tricks ausgetüftelt.

Zwei Ratschläge hatte der erfahrene Erich Pommer dem blutjungen Anfänger Lang vor Beginn seiner Laufbahn als Regisseur gegeben: Nie zu vergessen, daß die Geschichte eines Films immer durch das Auge der Kamera gesehen werden muß! Und niemals vor Beendigung eines Films mit der Hauptdarstellerin eine Affäre anzufangen und zu haben. (Lang am Abend seines erfüllten Lebens offenherzig: »Den ersten Rat habe ich immer befolgt ...«)

Im *Müden Tod* hatte das Paar Lang/Harbou nahezu alle Ideale erreicht. Der Film »lebte« vom Bild und hatte keine überflüssigen, störenden dazwischengeklebten Text-Zeilen, wie sonst üblich ...

Mit dem Negativ konnte Lang später noch ein gutes Geschäft machen: Er verkaufte es an Douglas Fairbanks. Denn im *Müden*

Tod gab es eine Szene mit einem fliegenden Teppich. Und weil Fairbanks, der berühmten Mary Pickford berühmter Gatte, in seinem Film *Der Dieb von Bagdad* ein fransentreues »Double« dieser Wundermatten-Szene zeigte, wollte er das Negativ des Originals in seine Verwahrung bringen, damit es ihm kein Zweiter geschäftsschädigend unter die Nase halten konnte.

Nachdem der Film auch im Ausland lief und – wie etwa in Paris – mit Lob überschüttet wurde, obwohl es kein Happy end gab, war Fritz Lang neben Ernst Lubitsch und Joe May in die erste Reihe der deutschen Filmregisseure gerückt. Sein Regie-Stern glänzte nun gleichgewichtig neben denen der beiden verdienten Studio-Koryphäen.

Vor der Kantine in Babelsberg (1930). Von links nach rechts: Joy May, Emil Jannings und Erich Pommer.

Die Dioskuren Lang/Harbou

Um eine Formulierung aus dem Tennis-Sport zu variieren: Das »Gemischte Doppel« Thea Gabriele Harbou und Friedrich Christian Anton Lang war nun in Berlin nicht mehr zu übersehen. Treffend beschrieb es ein alter Weggenosse der beiden aus den »Goldenen Zwanzigern«:

»Er: groß, schlank, großartig aussehend, immer mit dem Einglas im Auge, stets nach dem neuesten Stand der Mode gekleidet. Sie: Mit gestutzten Haaren, nach Herren-Art frisiert, ebenfalls meist in Tweeds und Flanells gekleidet.« Er hatte inzwischen die deutsche Staatsangehörigkeit angenommen, dachte und handelte nur noch im Sinne seiner neuen Nationalität. (Als Willy Fritsch während einer späteren gemeinsamen Film-Arbeit ein ausländisches Auto-Modell fuhr, belehrte ihn Lang, es sei wohl angebracht, ein deutsches Fabrikat zu benutzen...) Fritz und Thea sah man überall in der Spree-Metropole: In den Schlemmerlokalen von Horcher oder Forster, in der Nobelherberge »ADLON«, Unter den Linden, bei den Sechstagerennen und Box-Großkämpfen im Sportpalast an der Potsdamer Straße, bei den Reinhardt-Premieren im Großen Schauspielhaus, im »DEUTSCHEN THEATER« und den »KAMMERSPIELEN« an der Schumannstraße am Bahnhof Friedrichstraße.

Ernst Lubitsch blieb dagegen während seiner großen Berliner Zeit ein bescheidener Einzelgänger. Er verbrachte seine Abende am liebsten neben seinem Freund und Kollegen Emil Jannings am Stammtisch der Änne Maenz, auch »Maria Theresia« genannt, einer molligen älteren Dame, die ein ausgesprochenes Berliner Original war. Sie betrieb, nur einige Minuten von der

Von ihren Stars und Star-Regisseuren ließ die Ufa regelmäßig Künstlerporträts für die Werbung in den Filmtheatern und den Postkartenhandel anfertigen. Hier das erste »Ufa-Porträt« Fritz Langs aus dem Jahr 1922. Das Monokel war sein untrügliches Markenzeichen und Image-Symbol.

Gedächtniskirche entfernt, an der Augsburger Straße eine einfache Kutscherkneipe.

Joe May seinerseits war ein guter Familienvater. Für ihn gab es nichts Schöneres, als nach getaner Atelier-Arbeit in seiner Behausung am Kurfürstendamm zu sitzen und jene Mahlzeiten zu verzehren, die ihm die unermüdliche Mia in Pfannen und Tiegeln bruzzelte ... Man nannte sie – wie später auch Marlene Dietrich – die beste Köchin der Welt.

Fritz Lang hielt dagegen nichts von Kneipen oder davon, stets daheim zu bleiben. Dabei hatte er ein herrliches Zuhause, in dem alles ebenso herrlich eingerichtet war: Möbel von erlesenem Geschmack, Tapeten und Vorhänge – alles verriet das Auge des großen Künstlers.

Aber dieses Zuhause war für ihn und seine Frau, die in frühen Jahren übrigens als Jungdarstellerin selbst Bühnenluft geatmet hatte und mit der Kulissenwelt vertraut war, ebenso die Kulisse für große Fêten und Meetings. (Heute würde man Partys dazu sagen.) Bei Langs waren alle Festlichkeiten groß. Kennwort:à la maison ...

Es gab selbst in den schlechtesten Zeiten die erlesensten Lekkerbissen, die ausgesuchtesten Weine, den ältesten Kognak und Whisky. Thea empfing wie eine Königin, war eine charmante Gastgeberin. Wenn sie selbst in die Küche ging, wurde ein Rehrücken serviert, der den Vergleich zu den Künsten der Mia May nicht zu scheuen brauchte.

Wenn es keine Festlichkeiten gab, waren die beiden unterwegs. Der Wagen Langs war in ganz Berlin bekannt: Ein geräumiger, schneeweißer Mercedes-Kompressor.

Fritz Lang, den Berlin nun kennenlernte und der aus Berlin auch nicht mehr fortzudenken war, wirkte wie ein Grandseigneur. Fast wie einer, der niemals in seinem Leben eine Stunde gearbeitet hatte, weil er es niemals nötig hatte. Er sah gepflegt aus, gut rasiert, frisiert und manikürt. Er duftete stets nach englischer Lavendelseife und war ein guter Unterhalter. Mit einem Wort: Ein bezwingender Gesellschafter.

Thea von Harbou, Fritz Langs langjährige Drehbuch-Mitautorin und spätere Ehefrau

Die Mitarbeiter im Atelier dagegen kannten einen anderen Fritz Lang: eine hartnäckigen, energischen, dynamisch-ruhelosen Lang. Er stand morgens um 6.30 Uhr als Erster im Atelier, arbeitete bis elf und zwölf nachts, zuweilen auch bis drei und vier, war der Letzte und kannte keine Müdigkeit, warf sich schnell mal auf den Boden, schlief eine halbe Stunde. Aber dann war er wieder »da« und so frisch und fit, als habe er eine Nacht im Bett gelegen.

Da er auf sich selbst keine Rücksicht nahm, nahm er auch auf andere keine Rücksicht. Er wußte genau, was er wollte und war entschlossen, so lange zu arbeiten, zu feilen, bis jede Szene, jede Einstellung, jedes Detail für das unbestechliche Auge des echten Künstlers stimmte. Er war glücklich, wenn er der Auffassung war, der Film würde gut.

Nach dem internationalen Erfolg des *Müden Tod* plante Erich Pommer, Fritz Lang auch die Regie für einen Film zu übertragen, für den der Tscheche Hans Janowitz und der in Graz geborene Österreicher Carl Mayer der DECLA ein Treatment vorgelegt hatten, dessen Inhalt auf einer angeblichen wahren Begebenheit basierte: *Das Cabinet des Dr. Caligari*, eine Gruselgeschichte, die in einer fiktiven, unweit der holländischen Grenze gelegenen norddeutschen Kleinstadt spielte und die sie Holstenwall nannten. Sie wurde, von Pommer angekauft und von den beiden Autoren in einem exakten Drehbuch aufbereitet, ein ungewöhnliches, umstürzlerisches und in jeder Hinsicht revolutionäres filmisches Unterfangen. Der DECLA-General Pommer sah für Lang reizvolle regieliche Möglichkeiten. Er verstand es überhaupt unnachahmlich, die schöpferischen Arbeitskräfte von Regisseuren und Darstellern anzuregen. Fast alle seine Produktionen verrieten seine unverkennbaren und einprägsamen Intuitionen. Lang schien ihm als *der* Gestalter dieses expressionistischen, avantgardistischen Stoffes wie kein anderer seiner Regisseure geeignet. Der Plan mußte jedoch fallengelassen werden. Denn die Filmverleiher drängten auf Teil II des Fortsetzungsfilms *Die Spinnen*. An Stelle Langs wählte der findige

Produktions-Manager, der ja immer einen Ausweg wußte, dessen österreichischen Landsmann Dr. Robert Wiene. Nach der Uraufführung im Februar 1920 im Berliner Marmorhaus am Ku-Damm sprach die Welt nur noch von *Dr. Caligari*.

Aber auch Langs nächster Film schlug wie eine Bombe in Expertenkreisen und bei den Kinobesuchern ein. Ihm lag Norbert Jacques' Abenteuer-Vorlage *Dr. Mabuse, der Spieler* zugrunde. Der mit allen Wassern gewaschene Weltvagant hatte sie der Ullsteinischen BERLINER ILLUSTRIRTEN angeboten und vom Chef-Lektor Max Krell dann als packenden Roman um einen Verbrecher-König drucken und veröffentlichen lassen.

Er traf Langs Auffassung. Dessen Maxime lautete: »Das Wesen des Films ist nur dann überzeugend und eindringlich, wenn es sich mit dem Wesen der Zeit deckt ... !«

Der *Mabuse*-Roman traf dieses Zeitkolorit haargenau. Es ging um einen Mann mit tausend Gesichtern. Man sieht ihn als Arzt, als betrunkenen Matrosen, als wilden Spekulanten am Spieltisch und als Psychoanalytiker, als unbeherrschten Liebhaber, als Mann der Unterwelt und als Börsenjobber. Die Polizei war diesem Verbrecher auf der Spur. Staatsanwalt Dr. Wenk erließ einen Haftbefehl, zog das Netz immer enger um ihn. Der Gesetzesbrecher beging jetzt entscheidende Fehler. Nach Norbert Jacques' Sujet liebte er eine Frau, die schöne, aber degenerierte Gräfin Todd. Um sie zu besitzen, trieb er ihren Gatten zum Selbstmord. Aber die Gräfin erlag dem Werben Mabuses nicht und wurde Bundesgenossin des Staatsanwalts.

Thea von Harbou machte aus der Roman-Vorlage zwei Fortsetzungs-Komplexe. Teil Nr. 1: *Der große Spieler*, Nr. 2: *Inferno*.

Das Ganze roch nach handfestem Kintopp. Fritz Lang wollte jedoch mehr, – mehr, als der Zeit einen Spiegel vorhalten. Er wollte das Berlin zeigen, das sich in den ersten Krämpfen der Inflation wand, das Berlin mit seinen Spielhöllen, Rauschgifthöllen, seinen Perversionen, seinen Homosexuellen, seinen Halbwüchsigen, den politischen Straßenkämpfen.

Der Großverbrecher Dr. Mabuse läßt Falschgeld drucken und von Blinden, die ihn nicht verraten können, sortieren. – Szene aus dem Fritz-Lang-Film »Dr. Mabuse, der Spieler« mit Karl Huszar (links) und Rudolf Klein-Rogge (mit Lupe).

So legte er den Film auch an. Expressionistisch wie Robert Wiene seinen *Dr. Caligari*. Die Dekorationen wirkten irreal, gespenstisch, beklemmend, ähnlich wie jene Wienes. Die Welt des Dr. Mabuse war nicht nur die Welt der Verbrecher. Seine Falschmünzer, seine Geheimagenten, Lebemänner, Detektive waren wie Ausgeburten eines kranken Hirns, die Erlebnisse seiner Figuren voll von Geheimnissen. Sie gingen aber weit über eine der üblichen Detektivgeschichten hinaus.

Unvergeßlich die Kameraschüsse, die Lang schaffte. Die Fachpresse lobte: »Schon der Anfang nimmt gefangen. Ein Geheimkurier wird im internationalen Expreßzug niedergeschlagen, seiner Tasche beraubt. Sie fliegt aus dem Fenster des Zuges. Ein Mann nimmt sie auf, wirft sie von einer Brücke herunter. Unten steht ein Motorradfahrer, rast mit der Tasche los. Wir sehen die Tasche durch zehn Hände gehen. Dann: Sensationelle Veröffentlichung eines Geheimvertrages zwischen zwei Großmächten, der geheim gehalten werden sollte, in der Weltpresse. Quintessenz: Furchtbarer Sturz der Aktien an allen Börsen. Dahinter: Dr. Mabuse.

Oder: Man sieht Dr. Mabuses Gesicht. Es erscheint plötzlich auf der dunklen Leinwand, vom Licht verdeckt. Das Gesicht wird bei beweglicher Kamerafahrt immer größer, es kommt näher und näher, bis es die gesamte Leinwand ausfüllt, bis die Augen den Kinoraum beherrschen.

Oder: Jene Szene, in der Mabuse einen Kontrahenten erledigen läßt. Der wird so lange gehetzt, bis er in eine schmale Gasse flüchtet. Dort kommt ein großer Lastwagen auf ihn zu, drängt und drückt ihn gegen eine Häuserwand und zermalmt ihn.

In Fritz Langs 1922 gedrehtem Film »Dr. Mabuse, der Spieler« wirkten neben Rudolf Klein-Rogge in der Titelrolle u.a. (von links) Alfred Abel, Bernhard Goetzke und Lil Dagover mit.

In Fritz Langs aufsehenerregendem Thriller »Dr. Mabuse, der Spieler« (1922) wirkten u.a. Alfred Abel (links) und Rudolf Klein-Rogge als Darsteller der Titelrolle mit

Das Plakat für den 1922 gedrehten Fritz-Lang-Film »Dr. Mabuse, der Spieler« entwarf der berühmte Illustrationszeichner der »Berliner Illustrirten«, Theo Matejko

Oder: Da ist jene Kameraeinstellung, in der einer der Getreuen Mabuses den aussichtslosen Kampf gegen die Polizei aufnimmt. Aus einem Raum, dessen Fenster von schweren Panzerplatten geschützt sind, schießt er mit einem Maschinengewehr auf die anstürmenden Detektive. (Ein Motiv, dessen sich Jahre später in Hollywood niemand anderer als der Austro-Amerikaner Josef von Sternberg in seinem Film *Unterwelt* bediente).

An der Kamera stand wieder Carl Hoffmann. Als Darsteller machten der Wiener Burgtheater-Jungschauspieler Paul Richter – der spätere blondgelockte gehörnte Siegfried –, Hans Adalbert von Schlettow (richtiger Name Droescher), der in den folgenden Nibelungen den grimmigen Hagen verkörperte und in der Titelrolle jener Mann Furore, mit dem Thea von Harbou einst ehelich verbunden war und der nun vom *Mabuse*-Film ab nun in fast allen folgenden Lang-Schöpfungen einen Hauptpart zugewiesen erhielt: Rudolf Klein-Rogge.

Die Uraufführung des ersten Teils am 27. April 1922 wurde ein festliches Ereignis. Nicht minder die des zweiten, vier Wochen später. Natürlich in Berlin, denn dort ›spielten‹ ja die 3496 Meter des *Großen Spielers* und die dann folgenden 2560 des *Infernos*. Der Ufa-Palast mußte wochenlang das »Ausverkauft«-Schild an die Kassen hängen.

Auch die Fachpresse stieg groß ein. Ein Beispiel:

»Es läßt sich nicht leugnen, bei der Uraufführung im Ufa-Palast war der Beifall um ein Vielfaches stärker und begeisterter als vor wenigen Wochen beim ›*Weib des Pharao*‹, und wenn nicht alles täuscht, wird ›*Dr. Mabuse*‹ das große Geschäft. Es hat sich damit wieder einmal erwiesen, daß der aktuelle Zeitfilm, jener Film, der aus dem Leben unserer Tage mit ihren besonderen Problemen, Ideen und Auswüchsen entstanden ist, das Publikum am unmittelbarsten zu packen vermag. Das ist hier restlos gelungen. Der Untertitel dieses ersten Teiles ›Ein Bild der Zeit‹ sagt alles. Die Großstadt der Nachkriegszeit wird hier mit den markanten Strichen eines Könners gezeichnet. Natürlich mit einigen Unterstreichungen (Übertreibungen wäre zuviel gesagt), aber sonst milieuecht bis zum äußersten, und dergleichen muß eigentlich immer wirken.

Dieser Dr. Mabuse ist so etwas wie eine Idealgestalt unserer Tage. Nicht etwa der mit plumpen Mitteln arbeitende Verbrecherkönig von einst; es ist kein Zufall, daß er Doktor ist, er hat alle Geisteskräfte seiner akademischen Bildung in den Dienst seiner gewaltigen Pläne gestellt. Er ist ein erstaunlich feiner Psychologe und weiß die Fehler und Schwächen seiner Mitmenschen einzigartig für seine Zwecke auszunutzen. Er will nicht etwa nur große Schätze sammeln, ihm schwebt vielmehr als höchstes Ziel die geistige Herrschaft über die Menschheit vor. ›Der Spieler‹ heißt nicht nur wörtlich, daß er in Spielklubs zu Hause ist, die Erklärung für dieses Beiwort gibt vielmehr ein Zwischentitel, in dem es heißt ›er spielt mit Menschenschicksalen und am grausamsten mit sich selbst.‹ Seine Beziehungen erstrecken sich ungeahnt weit ... !«

Als man Fritz Lang einmal nach seiner Grundeinstellung zum Film befragte, definierte er wörtlich:

»Niemals hat das Theater so die Liebe und Anhängerschaft der Vielheit besessen wie der Film. Andererseits hieße es, dem Filmpublikum von heute sehr wenig gerecht werden, wenn man behaupten wollte, es setze sich – wie es vor wenigen Jahren noch fast ausschließlich der Fall war – aus Dienstmädchen und Ladenjüngelchen zusammen. Die Zeiten, in denen die Möglichkeit eines Filmmanuskriptes danach abgewogen wurde, ob es ›Lehmanns Anna‹ gefallen würde, sind endgültig vorbei. Lehmanns Anna wurde weder bei ›Caligari‹ noch beim ›Golem‹, nicht einmal bei den herrlichen Schneeschuh-Filmen als Faktor in Betracht gezogen. Statt dessen entwickelte sich die persönliche Stellungnahme zum Film so energisch, daß der ›Lehmanns-Anna‹-Film in die fernstentlegenen Vorstädte flüchten mußte, um sich zeigen zu dürfen, weil das zentraler orientierte Publikum ihn ebenso unmißverständlich auspfeift, wie es den kultivierten Film bejubelt oder zumindest achtet. Ich möchte betonen, daß ich nicht zu den Menschen gehöre, die den Kulturwert eines Films nach seiner Abkehr vom Publikumsgeschmack bemessen, da ich gerade persönlich die Erfahrung gemacht habe, daß das Publikum aller Schichten von sogenannten künstlerischen Filmen sich hinreißen läßt und sie auf den Schild hebt, solange sie nur die Gesetze des Filmmäßigen nicht verletzen und Ernsthaftigkeit nicht mit Langeweile übersetzen.«

Nun: Langeweile hatte es gerade im *Mabuse*-Film nicht gegeben. Im Gegenteil: atemlose, nicht abreißende Spannung!

Ganz logisch und verständlich, daß die Branche und das Publikum interessiert fragten, wann Langs nächster Film herauskommen würde. Wäre nach dem sensationellen Erfolg des zweiteiligen Kriminalreißers überhaupt eine Steigerung möglich?

Es gab sie! Er hatte die Idee, jetzt einmal etwas ganz anderes zu machen.

Er wollte den romantischen und pathetischen Monstre-Stoff der *Nibelungen* verfilmen.

Fragen und Einwände wurden laut: So kurz nach dem Kriege und seinen Folgen, so kurz nach der Revolution ein so »nationalistisches« Thema? Wäre das erträglich? Hatte Lang vergessen, daß Deutschland erst gestern den Krieg verloren hatte, daß revolutionäre Soldaten den Offizieren ihre Abzeichen von den Uniformen gerissen hatten? Und jetzt die *Nibelungen*?

Nibelungen I und II

Aber Lang war von seiner Idee nicht mehr abzubringen. Pommer, noch Allein-Herrscher seiner DECLA, hatte zwar zunächst auch Bedenken. Nicht so sehr deswegen, daß ein so großes Projekt immense Kosten verschlingen würde. Es handelte sich immerhin um einen Stoff, den Friedrich Hebbel in zwei Riesendramen und Richard Wagner in vier Opern kaum zu bewältigen vermocht hatten. Mit einem Wort: Ein gigantisches Unternehmen.

Lang und seine Autoren-Gattin Thea waren sich von vornherein darüber klar, daß auch dieses nur als Zwei-Teiler realisierbar war. Pommer bewilligte das Budget und ließ Lang mit den Vorarbeiten beginnen.

Der erinnerte sich: »Im Anfang war das Wort, ein gutes Script also. Ich wollte keinen Film in amerikanischem Stil machen, mit einem Seitenblick auf alle möglichen Nebenziele. Zusammen mit meiner Frau bestand ja wieder das unbeirrbare Gleichmaß, ein gemeinsames Ziel anzustreben und möglich zu machen. Hier die Verfasserin des Manuskripts, dort der gestaltende Regisseur. Ich darf mit Dankbarkeit und Stolz behaupten, daß – mit ganz wenigen Ausnahmen – meine Mitarbeiter alle von der ihnen zugewiesenen Aufgabe besessen waren. Anders als mit solcher Arbeitsbesessenheit war es auch nicht möglich, während der im Drehplan projektierten achtzehn Monate mit allen Tükken des Objekts fertig zu werden. Den Stab hatte ich schnell beisammen: Es handelte sich durchweg um mit dem Metier vertraute Experten. Ich werde nie den Augenblick vergessen – und ich hoffte, er auch nicht – als ich zu Otto Hunte, der mit mir schon bei *Mabuse* zusammengearbeitet hatte, sagte: »Otto, du sollst mir die Bauten für die *Nibelungen* skizzieren und errichten.‹ Er hat sie mir gebaut! Er und sein prachtvoller Adlatus Erich Kettelhut haben dann bei der Arbeit ein Temperament

Dieses Bild kannte seinerzeit in Deutschland jedes Kind: Margarete Schön als Kriemhild und Paul Richter als Siegfried in Fritz Langs »Nibelungen« I. Teil (1924)

ohnegleichen entwickelt, haben mir auf dem Neu-Babelsberger Freigelände Worms und den Rhein, Isenland und Etzels Reich, den deutschen Dom und den deutschen Wald erstehen lassen. Da aber selbst das Riesen-Terrain der damals größten Filmstadt auf diesem Planeten trotz seines weitflächigen Areals als Drehort nicht ausreichte, mußten wir auch in die Rehberge im Berliner Norden ausweichen.

Daß ich nach *Mabuse* auch mit keinem anderen als Carl Hoffmann an der ersten Kamera ins Atelier oder ins Freigelände gehen würde, verstand sich von selbst. Bei ihm war ich sicher, daß er alles, was ich als Maler vom Bildhaften der *Nibelungen* mir erträumte, durch seine Licht- und Schattengebung wirklichkeitsnah wahrmachen würde. Günther Rittau assistierte im großartig. Walter Ruttmann tüftelte aus, wie man den in die Handlung einbezogenen Falkentraum aufs Negativ bannen könnte. Er schaffte es. Er war – wie Rittau – auf experimentellem Gebiet auch ein As. Hoffmann gelangen zum ersten Male in einem deutschen Film echte Nachtaufnahmen, das Einfangen zarten und flüchtigen Zaubers einer Vorfrühlingsdämmerung, Rittau brachte das Nordlicht zum Leuchten, filmte in mühseliger Sisyphus-Arbeit die Versteinerung der Zwerge, deren Mund noch zu lebendigem Schrei geöffnet war, während der Körper bereits zu Stein wurde ...«

Der Zauberwald Siegfrieds mit seinen grandiosen Ausmaßen durchbrach alles bisher Dagewesene. Trotz Lubitschs früherer Monumental-Schinken, die er in Joe Mays Rüdersdorfer Kalkbergen und an der Woltersdorfer Schleuse abgedreht und die seinerzeit Aufsehen erregt hatten.

Der Wald bestand nur aus fünf Stämmen aus Gips und Kalk. Ein dunkler Rundhorizont umrahmte ihn und täuschte durch Lichteffekte größere Dimensionen vor. Paul Richter durchritt ihn auf einem Schimmel.

Der Maler-Regisseur hatte seine Architekten Hunte und Kettelhut auf Böcklins ›Nymphe auf dem Einhorn‹ inmitten dunklerer Baumstämme, von dichtem Lichtnebel durchflutet, verwiesen. So und nicht anders stellte er sich die Szenerie vor, und so und nicht anders wurde sie auch ins Bild gesetzt.

Auch eine Klinger-Radierung bildete ein Muster, für jene Phase im zweiten Teil, als Attila in schwarzer Rüstung auf seinem Streitroß vor einem blühenden Baum Halt macht, umringt von nackten, girlandengeschmückten Kindern. Unnachahmlich auch jene Blumenwiese, aus der Dämpfe stiegen und auf der Karl Vollbrecht natürliche Blumen als kleine Setzlinge angepflanzt hatte. Man konnte es sich zeitlich leisten, monatelang zu warten, bis sie erblühten. Auch der Schnee im zweiten Teil dieses Melodrams war echt. Auch hier wartete man so lange, bis er endlich zwischen den künstlich gepflanzten Birkenbäumen fiel. Ähnlich verhielt es sich mit den Eismassen im Rhein-Bassin, in das der grimme Hagen den Nibelungenhort zu schleudern hatte.

Bei Lang stimmte alles. Jeder wurde von seiner Dynamik mitgerissen. Auch Pommer. Er scheute in des Wortes ursprünglichster Bedeutung auch keine Kosten. Dabei grassierte das Inflationsfieber. Der Lohn der Arbeiter war mittags schon wertlos. Um sie bei Laune zu halten, ließ er mit Autos aus dem nahen Berlin Nahrungsmittel kommen und auf dem Babelsberger Gelände in großen Kesseln Eintopf kochen. Dabei hatte er zu diesem Zeitpunkt andere Sorgen: Es fanden wichtige und entscheidende Übernahmeverhandlungen statt: Die DECLA sollte unter das Ufa-Dach kommen. Das wurde beider Vorteil und kam dem gesamten deutschen (und internationalen) Filmwesen zugute. In vielerlei Hinsicht ...

Lang hatte Pommer jedoch mit seinem Arbeitsfanatismus, seiner Besessenheit förmlich mitgerissen. Nur *ein* Beispiel aus dem Munde Langs:

»Eines Tages war er wieder draußen auf dem Aufnahmegelände. Die Zigarette im Mundwinkel, beobachtete er eine der Massenszenen, die ich von einem hohen Podest mittels Megaphon dirigierte. Während eines Kassettenwechsels kam er zu mir und meinte, es sei eine Szene im Drehbuch, die ein paar hundert Statisten vorsehe. Ich solle mir überlegen, ob ich sie nicht weglassen

Fritz Lang und der Filmarchitekt Erich Kettelhut auf dem Freigelände der Ufa in Neu-Babelsberg. Sie arbeiteten bei den Filmen »Nibelungen« und »Metropolis« zusammen.

Siegfried in Mimes Schmiede: Paul Richter in der Titelrolle des 1923/24 gedrehten Fritz-Lang-Films »Siegfrieds Tod«, dem I. Teil der »Nibelungen«

könne. Ein paar Tage später fragte er mich, ob ich's mir überlegt und wie ich entschieden habe. Ich gab ihm recht: ›Wir können uns die Szene sparen‹. Pommer aber meinte: ›Ich hab' mir's auch überlegt und bin zu dem Ergebnis gekommen, sie drin zu lassen ...‹

Karl Vollbrecht pflanzte nicht nur die Blumen-Setzlinge. Im Vorspann wurde er auch als der Erbauer des Drachens genannt. Damit das dickhäutige Phantasie-Ungetüm bewegt werden konnte, mußten Atelierarbeiter am Rückende durch eine Tür hineinkriechen und Kopf, Augen, Schwanz und Pranken bewegen. Lang dirigierte sie mittels einer Telefonleitung.

Paul Richter reitet als Siegfried in Fritz Langs »Nibelungen« durch den künstlichen Wald, den die Filmarchitekten Hunte und Kettelhut erstellt hatten, – eine der aufsehenerregendsten Monumental-Szenerien der Stummfilmzeit

»Das waren nicht die einzigen Schwierigkeiten...«, erinnerte er sich. »Viel schlimmer war die Weigerung Paul Richters, sich als Siegfried-Darsteller nackt aus rückwärtiger Position, im »Drachenblut« badend, von Hoffmann und Rittau ablichten zu lassen. Rudolf Klein-Rogge, der als Etzel erst im zweiten Teil dieses Epos' in Erscheinung zu treten brauchte und nur zu einem Informationsbesuch im Atelier war, hatte weniger Bedenken. Er bekam Richters Perücke aufgesetzt und doubelte die Szene...«.
Noch ein Vorfall sorgte für Aufregung: Man hatte die Hunnenschlacht in bewegenden Massenszenen wie ein Riesengemälde abgedreht und war auf die Muster gespannt, die 24 Stunden später aus dem Kopierwerk kamen und in einem Separatraum vorgeführt wurden. Lang, Pommer, den Kameraleuten, den Dramaturgen standen die Haare zu Berge; sie wurden kalkweiß im Gesicht. Der Grund: Unter den extra entworfenen Kostümen entdeckten sie an den Handgelenken mehrerer Komparsen Armbanduhren! Am Aufnahmetag selbst war das den Verantwortlichen entgangen. Pommer machte auch hier gute Miene zum bösen Spiel und ließ Lang die zeit- und kostenraubende Episode noch einmal drehen. Für Tausende der damals gültigen Inflationsmark...
Ein paar Jahre später, schon zur Tonfilmepoche, hatte Chefkameramann Carl Hoffmann abermals Pech: Weder er noch alle Mitwirkenden hatten bei den Aufnahmen zum Großfilm *Der Kongreß tanzt* wahrgenommen, daß an dem Fiaker, in dem Lilian Harvey saß und bei ihrer Fahrt durch Wien unter den Werner Richard Heymann-Klängen des ›Das gibt's nur einmal‹-Songs ein dickes Tonkabel baumelte. Hier ließ Pommer diese Szene nicht wiederholen. Nicht wegen der zusätzlichen Kosten. Sein Argument: Die Besucher im Kino würden auf Lilian schauen und die Panne gar nicht bemerken. Auch diesmal hatte er recht. Wie immer...
Immer wieder gab es Probleme zu lösen, solche technischer wie künstlerischer Art. Lang löste sie.
Erstmalig wurden sogenannte »Führungslichter« angewen-

Ein Bild, das weltberühmt wurde: Siegfrieds Tod am Birkengrund im Odenwald ... In dem 1923/24 von Fritz Lang gedrehten zweiteiligen Großfilm »Die Nibelungen« spielte Paul Richter den edlen Helden Siegfried. Wenn er, von Hagens Speer getroffen, tot an der Quelle zusammenbricht, ging seinerzeit fast bei allen Vorführungen ein Aufschrei durch das Publikum ...

Folgende Doppelseite: Brunhild (Hanna Ralph) betritt bei Worms am Rhein das Reich der Burgunderfürsten ... – Szene aus Fritz Langs »Nibelungen« (I. Teil »Siegfrieds Tod«). Hinter der »Menschenbrücke« auf der Schiffstreppe Theodor Loos als Gunther, dahinter Paul Richter als Siegfried und – mit Flügelhelm – H.A. v. Schlettow als Hagen.

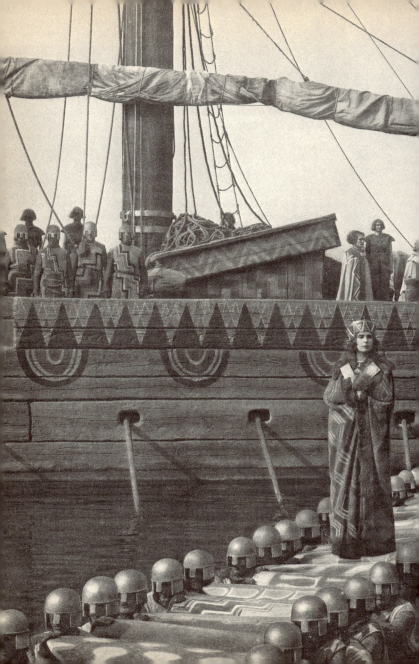

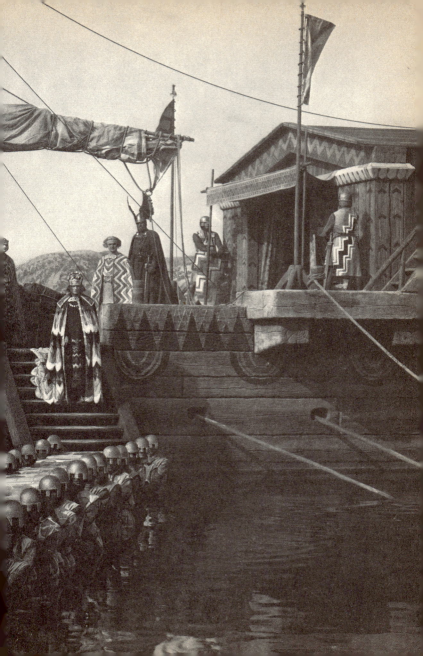

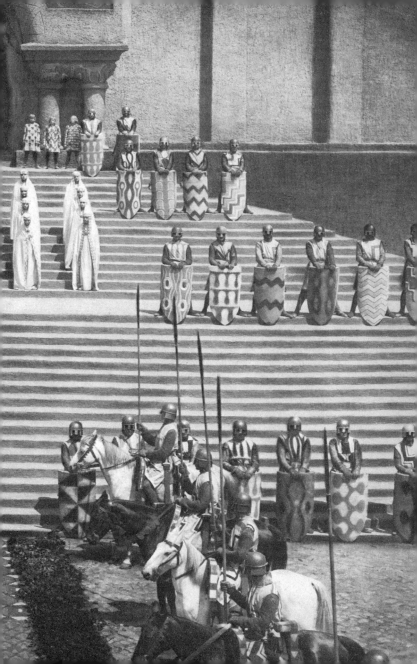

Szene aus Fritz Langs »Nibelungen« mit Margarete Schön als Kriemhild und Bernhard Goetzke als Volker von Alzey (1923)

det: Die Kamera mußte bei dem maßvollen, statischen Gebärdenspiel sozusagen in die Gesichter der Darsteller eindringen. Hier einmal den Mund herber ausleuchten, dort eine Stirnpartie verdunkeln, den Augen aus einer seitlichen Perspektive mehr Ausdruck verleihen.

Vorhergehende Doppelseite: Kurz vor dem Streit der Königinnen auf der Domtreppe zu Worms: Auf den Stufen Gertrud Arnold als Königinmutter Ute und – im weißen Gewand – Margarete Schön als Kriemhild in Fritz Langs 1923/24 gedrehtem zweiteiligen Großfilm »Die Nibelungen«

Auch in einem weiteren Punkt wies Lang neue Wege: im Gefühl für den Raum. Mitgerissen vom internationalen Wettlauf, vor allem in Hollywood praktiziert, hatten viele Regisseure mehr und mehr die Gewohnheit angenommen, in das Kamera-Blickfeld eine möglichst große Anzahl Menschen hineinzustopfen. Arturo Ambrosio hatte es in seinem Italo-Monster *Quo Vadis* exerziert, Lubitsch in seiner *Anna Boleyn*, Griffith in seiner *Intolerance* mit einem Aufgebot von 10000 Statisten. Und das auf einem 5 cm^2-Filmbild!

Daß solche Massenaufgebote unnötig waren, daß im Gegenteil ein wahrer Künstler mit weniger Menschen gleiche oder sogar noch bessere Effekte zu erzielen vermochte, bewies Lang in den *Nibelungen*.

Im DEUTSCHEN THEATER hatte er als unermüdlicher Zuschauer und Beobachter gesehen, wie Max Reinhardt seine Statisten auf der Bühne gruppierte. Hier konnte er auf der Stufenbühne eines neuen expressionistischen Theaters eine zur dunklen und kompakten Masse geballte, gestaltlose Kriegermenge bei den Burgundern und Hunnen in einer fast mechanischen, schwerfälligen Bewegung beobachten, aus der in rhythmischen Abständen einzelne Personen sich herauslösten, ähnlich wie die Chorführer in der antiken Tragödie.

Jede einzelne Szene wurde mit realistischer Akribie ausgearbeitet. Jede Bewegung, die Stellung im Manuskript haargenau festgelegt. Thea von Harbou und Lang hatten sie bei der Abfassung detailliert vorausgesehen. Hier als Beispiel eine Passage:

    149. Bild: *Halle der Burgunder*
    In der Kreisblende erscheint zuerst
    der Kopf Hagens mit dem Ausdruck
    lauernden Lauschens.
Nah: (Blende ganz auf)
    Hagen sitzt auf seinem gewöhnlichen Platz (neben
    dem das Schwert an der Wand hängt) und scheint auf
    etwas zu horchen, das sich von außen nähert.

Die Mordanklage: Kriemhild (Margarete Schön) bezichtigt an der Leiche ihres Mannes Siegfried (Paul Richter) ihren Ohm Hagen (Hans Adalbert von Schlettow) des heimtückischen Mordes. In der Bildmitte: Theodor Loos als Gunther, links daneben Bernhard Goetzke als Volker, in der Mitte der Frauengruppe rechts Gertrud Arnold als Ute. – Szene aus Fritz Langs zweiteiligem Film »Die Nibelungen« (1923/24).

Gegenschuß (auf eine Tür)
 Kriemhild tritt ein und sieht sich suchend um.
 Ihr Wesen ist gegen früher völlig verändert. Sie
 hat ihre heitere und stolze Sicherheit verloren,
 ist gedrückt und verstört. Sie sieht Hagen.

Einzelaufnahme Hagens:
> Er konstatiert für sich befriedigt das Kommen
> Kriemhilds und beginnt sofort das beabsichtigte
> Spiel ihrer Täuschung. Er sitzt wie in tiefstes
> Grübeln versunken und scheint ihr Kommen nicht zu
> bemerken.

Ins Bild kommt Kriemhild.
> Sie macht einen Schritt auf Hagen zu, beugt sich
> vor, um in sein Gesicht sehen zu können, spricht
> ihn leise an. Hagen fährt wie aus tiefstem Sinnen
> auf und herum, starrt Kriemhild an, die ganz betroffen über den Ausdruck seines Gesichts unwillkürlich einen Schritt zurückweicht und sagt:
> ›Was hast du, Ohm?‹
> Hagen wehrt ab, sich gleichzeitig erhebend, als
> wünsche er sie mit seinen düsteren Gedanken zu
> verschonen, als wollte er gehen.

Kriemhild, jetzt erst recht verängstigt, hält ihn zurück:
> ›Um Gotteswillen, Ohm,
> ängstige mich nicht noch mehr
> mit Deinem Schweigen! Was
> ist geschehen?‹

Groß: (Beide Köpfe Kriemhilds und Hagens)
> Sie mit dem Ausdruck ratloser Angst,
> Hagen zuerst abgewendet, dreht ihr dann
> langsam den Kopf zu, betrachtet sie, als
> wollte er ergründen, ob es ratsam sei, zu
> ihr zu sprechen, sagt:

Titel: »Kannst Du schweigen, Kriemhild?«
> (Abblenden)

Einblendung für den Leser: In der Stummfilmepoche des Films wurde alles mit betonter Gestik, rollenden Augen und überdrehter Bewegung gefilmt. Gesprochenen Text gab es nicht. Was

Szene aus »Kriemhilds Rache«, dem 2. Teil von Fritz Langs »Nibelungen«-Film: Giselhers Vermählung mit der Tochter Rüdigers. Bildmitte: Rudolf Klein-Rogge als Hunnenkönig Etzel, rechts die Burgunder mit Theodor Loos (Gunther), Hans Carl Müller (Gernot), H.A. v. Schlettow (Hagen) und Bernhard Goetzke (Volker).

nicht durch die Verhaltensweise der Darsteller anschaulich auf der Leinwand vermittelt werden konnte, wurde durch die schon erwähnten Zwischentitel ersetzt. Bei Regisseuren, die in solchen Phasen großzügig agierten und ihre Mimen sagen ließen, was ihnen gerade einfiel, gab es keine Einwände, wenn etwa ein junger Mann zu einem jungen Mädchen zärtlich ineinander verschlungen, statt ›Ich liebe Dich‹ ungalant flüsterte: ›Hast Du heute Fisch gegessen? Du riechst so aus dem Mund!‹

Das ging meistens ohne Rüffel gut. Meistens! Es gab aber auch andere Situationen. Willy Fritsch erinnerte sich, daß es bei einer ähnlichen Gelegenheit einmal zu einem peinlichen Eklat

Das Fest wurde zum Blutbad . . . Szene aus »Kriemhilds Rache«, dem 2. Teil von Fritz Langs Großfilm »Die Nibelungen« (1924). In der Bildmitte: Theodor Loos als König Gunther.

So wurde in den USA für Fritz Langs Großfilm »Die Nibelungen« geworben

gekommen war. Bei einem Passus, der in die Handlung hineinpaßte, auch vorgesehen und mit dem eingeblendeten Titel auf der Leinwand sichtbar gemacht worden war, gab es stürmische und berechtigte Proteste aus dem Kreise bedauernswerter taubstummer Zuschauer: Sie hatten an den Mundbewegungen der Darsteller abgelesen, daß statt der Liebeserklärung völlig deplazierte Worte und Sätze während der Aufnahmen im Atelier gesprochen worden waren. Von diesem Zeitpunkt ab wurde man in den Aufnahmestudios vorsichtiger und seriöser ...

Für Lang bedurfte es so eines peinlichen Vorkommnisses nicht. Bei ihm mußte von vornherein *alles* stimmen. Es durfte vor der Kamera nur das gesagt werden, was schriftlich fixiert war. Und sonst gar nichts. Auch das kleinste Detail war ja schon im Script festgelegt, und nach ihm wurde verfahren. Etwa dergestalt: Damit Hans-Adalbert von Schlettow den finsteren Hagen von Tronje glaubhaft verkörpern konnte, wurden ihm, damit er einen gewichtig-schweren Gang vortäuschen konnte, von seinem ideenreichen Regisseur Bleieinlagen in die Stiefel gelegt. Auch alle anderen szenischen Einzelheiten waren mit realistischer Sorgfalt ausgearbeitet, wie etwa die geisterhaften Bodennebel in der Alberich-Episode, das Flammenmeer, von dem Brunhildes Schloß beschützt war, die Birken rings um den Quell, an dem Siegfried ermordet wurde ... Aber all diese Einzelheiten kamen erst innerhalb der gesamten Bildkomposition, nur durch ihre Einordnung in diese, zu eigener und selbständiger Geltung. Um den Eindruck bildlicher Einheit zu verstärken, machte der Film ausgiebigen Gebrauch von einfachen, großräumig-feierlichen architektonischen Formen, mit denen er die Szene beherrschte. So sah man Siegfried und seine Mannen beim Einzug in Gunthers Palast nur als winzige Figuren auf einer mächtigen Brücke am oberen Rand des Bildstreifens, während das Bild selbst ganz und gar vom Größenverhältnis dieser Brücke zu der unter ihr gelegenen, tiefen Schlucht bestimmt war. Auch noch andere, ähnliche Bildkompositionen vergönnten der menschlichen Gestalt nur einen bescheidenen, nebensächlichen Platz innerhalb von Urlandschaft oder weitläufigen Bauten.

Als sei es mit dieser dekorativen Stilisierung in großem Maßstab noch nicht genug, tauchten auf Mauern, Decken, Vorhängen und Gewändern, kurzum allerorten kleine, primitiv stilisierte Ornamente auf. Der erste Teil des Films »*Siegfried*« enthielt eine kurze Einlage, »*Kriemhilds Rache*« einen von Walter Ruttmann entworfenen Zeichentrickfilm, in dem drei ornamentale Wappentiere, zwei schwarze Falken und eine weiße Taube, rhythmische Bewegungen vollführten. Häufig schlossen sich die Schauspieler selbst zu gleichsam hieratischen Gruppen zusammen. In einer in Gunthers Halle spielenden Szene saßen der König und seine Gefolgsleute wie Statuen in symmetrisch angeordneten Nischen. Die Kamera ließ sich keine Gelegenheit entgehen, menschliche Figuren in solchen Stellungen aufzunehmen.

Der Stoff gestattete Fritz Lang, Architektur, Kostüme und Darsteller einer rigorosen ornamentalen Stilisierung zu unterwerfen. Jede Spontanität der Bewegung oder des Ausdrucks war aus diesem Film verbannt. Die gemessenen Gesten und die starre Mimik der Darsteller, die bewußte Verwendung von Komparsen als architektonisches Ornament, die strenge Ordnung des Atelier-Waldes, die mit Mäanderbändern besetzten weißen Kostüme, die archaischen Hallen, die symmetrische Komposition vieler Kamera-Einstellungen und der langsame Bildrhythmus – alles wurde zum Ausdruck zwingender Konsequenz, mit der das Schicksal der Sagenhelden sich vollendete. Unbeweglich standen Brunhildes Mannen im Wasser und trugen die Brücke, über die sie an Land ging. Und der Sockel von lebenden Zwergen an Alberichs Schatzgefäß, an ihre Last geschmiedet. Alles Schlüsselfiguren.

Die Uraufführung des ersten Teils am 14. Februar 1924 im Berliner Ufa-Palast am Zoo wurde ein festliches Ereignis. Nach der Premiere des zweiten, zwei Monate später im gleichen Hause, sah sich der damalige Außenminister Gustav Stresemann bei einem Bankett in aller Öffentlichkeit veranlaßt, dem Regisseur und seinen Mitarbeitern den Dank dafür auszusprechen, daß sie mit beiden Filmen eine Kulturbrücke zwischen den Nationen gebaut hatten.

Beide Streifen, nunmehr unter dem Verleih-Rhombus der UFA in die Lichtspieltheater gebracht, machten überall Furore. Frankreich, das drei Jahre vorher bereits den *Müden Tod* als einen Meilenstein in der Geschichte der Kinematographie bezeichnet und gerühmt hatte, war auch diesmal wieder über alle Maßen begeistert. Emil Vuillermoz, einer der geistreichsten Filmkritiker von Paris, schrieb am 29. April in LE TEMPS:

»Wir haben bereits früher darauf hingewiesen, daß unsere kinematographische Kunst nur gewinnen kann in dem neu entbrannten Kampfe zwischen europäischem Intellektualismus und amerikanischem Industrierittertum. Dank dem kürzlich abgeschlossenen Übereinkommen zwischen den großen deutschen und französischen Filmverlegern sind wir nun in der Lage, eine charakteristische Episode dieses Kampfes mitzuerleben: *Siegfrieds Tod* ist das erste großkalibrige Geschoß, das die europäischen Batterien in die Superstudios von Los Angeles werfen. Dieser Film bedeutet eine entscheidende Etappe der Schwarzweiß-Kunst, weil hier zum ersten Male das Prinzip künstlerischer Gestaltung auf *alle* Elemente dieses großen Werkes ausgedehnt ist ...!«

Vertragsunterzeichnung für den »Blauen-Engel«-Film (1930). Von links nach rechts: Erich Pommer, Carl Zuckmayer und Emil Jannins.

Amerika-Trip mit Folgen

Auch Amerika horchte jetzt auf. (In Deutschland wurde der Besuch beider *Nibelungen*-Teile auf Anordnung des Kultusministeriums Pflicht für alle Schulen). Die Film-Mogule in der kalifornischen »Dream-Factory« Hollywood und deren Budget-Bewilliger und Kreditgeber in der New Yorker Wall Street schickten eine Einladung über den Großen Teich an Fritz Lang und dessen Direktor Erich Pommer. Man akzeptierte sie.

Im Oktober des Erfolgsjahres 1924 schifften sich beide auf dem Überseedampfer S.S.DEUTSCHLAND am Cuxhavener Pier ein und überquerten den Atlantik. Das dauerte damals noch rund zwei Wochen. Dann kam die amerikanische Küste in Sicht. Wie die Schwanzspitze einer sich sonnenden Eidechse lag die Wolkenkratzer-Landzunge des Stadtkolosses da, ragte mit dem Battery-Park in die hellschimmernde Ozeanbläue der Narrows, einer schmalen Meerenge, die die 100 Kilometer lange Hafen- und Dockfront Greater New Yorks vom offenen Atlantik trennen. Von Bedloes Island grüßte die Freiheits-Statue herüber: 46 Meter hoch, kupfergetrieben und vom Kielwasser des Albert Ballin-Liners und zahlreicher Fährschiffe umspült.

Überwältigt von dieser faszinierenden Scherenschnitt-Silhouette mit ihren in den hellen Herbst-Himmel ragenden Türmen und Spitzen standen die beiden Neu-Berliner an der Reling. Das sich ihren Augen präsentierende imposante Panorama registrierten sie – natürlich – als eine Hintergrund-Kulisse für einen kommenden Film.

Die Hafenreporter, die zusammen mit dem Flußlotsen im Posttender längsseits gingen und an Bord stiegen, brauchten nicht erst – wie sonst allgemein üblich bei der Jagd auf News – die Passagierlisten zu studieren und den Zahlmeister anzumäkeln, wer denn diesmal wohl auf dem, äh, alten Kahn aus der Alten Welt in Gods own Country herübergeschippert sei. Die

Ankunft der beiden Prominenten hatte sich in allen Redaktionsstuben der Tages- und Fachpresse schon lange herumgesprochen.

Nach der Landung am Pier an der 47. Straße der Manhattan-Metropole ging das Frage- und Antwortspiel dann richtig los. Aber es war ein Kinderspiel gegenüber jenem Empfang, den man den beiden Europäern bald darauf in Los Angeles bereitete. Fast die gesamte Hollywooder Zelluloid-Branche war auf den Beinen, an der Spitze Frederick Wynne-Jones, der Repräsentant der gesamten amerikanischen Film-Industrie. Felix Kallmann, der USA-Vertreter der UFA, mußte einen Zeitplan aufstellen, um alle Einladungen annehmen zu können. Jeder rechnete es sich als eine Ehre an, die beiden deutschen Filmemacher in ihren Studios begrüßen zu können. Ganz gleich, ob bei den WARNER BROTHERS, bei der MGM in Culver City oder bei dem im württembergischen Laupheim geborenen Carl Laemmle in dessen UNIVERSAL-Riesengelände am Rande des San Fernando Valleys. Samuel Goldwyn, der berühmte Film-Papst, lud Pommer, Lang und den sie begleitenden Cicerone zum Lunch ins AMBASSADOR-HOTEL ein, forschte interessiert nach ihren Atelier-Erfahrungen und lobte sie als Kulturträger zwischen den Nationen. Das bedeutete seinerzeit viel, denn die Waffen ruhten erst seit sechs Jahren ...

Großes Hallo gab es, als Ernst Lubitsch seine alten Berliner Freunde wiedersah und stürmisch begrüßte. »Er war wie ein großer Bruder zu mir ...«, rühmte Lang. Der kleine Spreeathener, ohne eine Riesenzigarre von Churchill-Format im Mundwinkel nicht denkbar und inzwischen zum Gestalter geistvoller Komödien mit dem vielgerühmten »Touch« hochstilisiert, hatte in seinen Berliner Tagen noch keinen Kontakt zu Lang gehabt, denn der befand sich damals sozusagen noch in der Lehre, während der ehemalige Kommis im Trikotagengeschäft seines Vaters im »Kattun-Viertel« am Hausvogtei-Platz und spätere Reinhardt-Schüler drüben als Regisseur reüssiert hatte. Lubitsch brachte Lang auch zu Douglas Fairbanks. Der hatte von Langs

»special effects« im *Müden Tod* gehört und wurde mit ihm wegen des Ankaufs des fliegenden Teppichs handelseinig.

Angetan waren Lang und Pommer von der Schaffensweise Charles Chaplins. »Alles sah so spielend leicht aus, wenn er inszenierte, aber es war harte, schwere Arbeit...«, lobte »Fred«, wie die Yankees den deutschen Besucher nannten.

Interessiert beobachtete er mit Kennerblick die Arbeitsmethoden in den großen Ateliers und ihren riesigen Freilicht-Geländen. Der Vergleich zu Babelsberg drängte sich auf. Die größte europäische Filmproduktionsstätte brauchte sich jedoch nicht hinter Hollywood zu verstecken. Schon damals nicht. Und später erst recht nicht mehr. In jenen Tagen nämlich, als der Tonfilm seinen Siegeszug begonnen hatte.

Babelsberg, später ja in UFA-Stadt umbenannt, umfaßte in der Hochblüte deutschen Filmschaffens ein Aufnahmegelände von 480 000 Quadratmetern, zehn Tonfilmateliers, ein Synchronstudio, Gebäude für die Mischung von Sprache, Musik und Geräuschen, Garderoben für 2500 Kleindarsteller und Komparsen, 250 Räume für Stars und Solisten, eine »Wiener Straße«, 85 Meter lang und 14 Meter breit, mit 15 Meter hohen Häusern, einen 90 Meter langen und 22 Meter breiten, asphaltierten Großstadt-Boulevard, ein kleines, von einem Park umgebenes Palais, Flüsse, Teiche, einen 50 Meter hohen Freihorizont, 150 Meter lang, 45 Meter breit. Mehr noch: ein Fundus von 10 000 Möbelstücken, 8000 Kostümen, 2000 Perücken, 800 Paar Stiefel, ein riesiges Arsenal von Waffen aller Kaliber, ein Autopark, eine Kollektion von Eisenbahnwagen, von Fahrzeugen aus allen Epochen, von Schiffseinrichtungen, von Öfen und Kaminen, selbst ein zoologischer Garten fehlte nicht, als etwa Wolfram Junghans später seine filmweltberühmten und auf dem ganzen Globus prämierten Kulturfilme zusammen mit Herta Jülich produzierte. Ehe diese Film-City an den südwestlichen Ausläufern des Grunewald zwischen den S-Bahn-Haltestellen Zehlendorf, Wannsee und Potsdam 1945 fast unzerstört den sowjetrussischen Streitkräften in die Hände fiel, war sie Vorbild für Italiens Cinécittà in Rom, den Pinewood-Atelier-Komplex in London, für die Joinville-Studios in Paris, die Sascha-Aufnahmeräume an den Hängen des Wiener Waldes und auch für Geiselgasteig vor den Toren Münchens.

Denn wer – Prag, Budapest, Kopenhagen, Stockholm und selbst Moskau einbezogen – konnte solche Vorteile wie Erich Pommers einstige Schöpfung je aufweisen? Der Fundus registrierte 39 000 verschiedene Arten von Materialien, ein eigenes Elektrizitätswerk, eigene Transformatoren, eigene Feuerwehr, ein Hydrantennetz, eine eigene Sanitätsstation, ein Archiv, wie es kein zweites in Europa gab. Das Besetzungsbüro wies über 3000 Karteikarten auf. Bei der jährlichen Inventur wurde der Verbrauch von 110 000 Kilogramm Farbe und Lack verbucht, 115 000 qm Bretter, 880 000 qm Latten, 60 000 kg Nägel, 16 000 Zentner Gips, 6500 qm Glas, 27 000 cbm Sperrholz ...

Dennoch: Die amerikanischen Dimensionen beeindruckten die beiden Deutschen sehr.

Kurz vor Weihnachten hatte man die Rückreise gebucht. Ehe sie in New York an Bord gingen, unterhielten sie sich mit D. W. Griffith, dem sogenannten »Erfinder« der Großaufnahme. Er bereitete in Montclair, im Staat New Jersey, einen neuen Film vor und hatte in einem New Yorker Lichtspieltheater gerade Langs zweiteiligen *Nibelungen*-Film gesehen, war beeindruckt und machte seinem deutschen Regie-Kollegen ein großes Kompliment, wie er die Kamera eingesetzt, sie geführt und vor allem die Monumentalbauten als Element des dramatischen Charakters mit einbezogen habe.

Zusammen mit Amerikas populärstem Boxer aller Zeiten, dem großen Jack Dempsey, ließen sich Lang und Pommer für die findigen Presse-Fotografen ablichten. Estelle Taylor, die filmende Ehefrau des »man killer«, vervollständigte das Quartett. Fritz Lang war ja ein Boxfan und Dauergast bei den großen Ringentscheidungen Hans Breitensträters, Paul Samson-Körners, Franz Dieners und namentlich Max Schmelings im legendären Berliner Sportpalast an der Potsdamer Straße.

```
            13. Bild

            S t a d i o n  d e s  K l u b s  d e r
            S ö h n e  (Senne)
            Leuchten des weissen Steins
            Läuferbahn
            Mauer
            geschmückt mit Figuren im Sinne Archipenkos

            d i e  S ö h n e

            junge Menschen zwischen 17 und 22
            blond,schlank,strahlend,heiter
            (von Kopf zu Fuss in weisser Seide)

Gesamtaufnahme: Stadion

            12 Söhne
            mit nacktem Oberkörper
            unter ihnen

            F r e d e r

            Joh Fredersens Sohn
            ...

Einzelaufnahme: Starter hebt die Hand

Ausschnitt:die Startbereiten
            letztes Spannen der Muskel
            Augenblick der Unbeweglichkeit
            ...
            Start

Apparat: vor dem laufenden Felde gleitend

            Freder liegt vorn

Gesamtaufnahme: Stadion gegen Start und Ziel

            schwarzes Band über der Bahn
            Freder
            als erster durchs Ziel.
```

Die Winterstürme auf dem aufgerauhten Atlantik machten die Überfahrt nicht gerade zum Vergnügen. Langs Gedanken rotierten, verarbeiteten die amerikanischen Eindrücke. Eines war ihm klar: Es sollte ein Film gedreht werden, der die technische Entwicklung, den kühnen »way of life« in den Vereinigten Staaten als Grundmotiv haben solle. Mit diesem Projekt konfrontierte er, heimgekehrt, seine eheliche bessere Hälfte. Die war sofort Feuer und Flamme. Denn Thea von Harbou hatte ja Phantasie, Ideen und Eingebungen. Koordiniert mit jenen ihres Mannes,

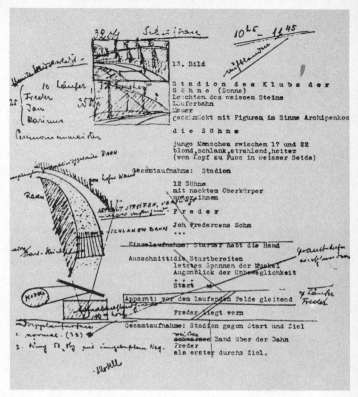

Eine von Fritz Lang korrigierte Drehbuchseite zu seinem Film »Metropolis« mit eingezeichneten Kameraeinstellungen für das Trickverfahren von Eugen Schüfftan. - Links die gleiche Drehbuchseite im Original

entführten sie die Kinobesucher in das Jahr 2000, in eine utopische Stadt mit - nach den gewonnenen frischen New Yorker Impressionen - Wolkenkratzern und Katakomben, mit Herrenmenschen, die im Lichte der Sonne ein angenehmes Leben führten und mit Sklaven, die unter Tage Stunde für Stunde rackerten.

Es war ein soziales Zukunftsbild mit krasser Überzeichnung und mündete in der Erschaffung eines künstlichen Menschen.

Pommer hatte keine Einwände, kalkulierte nach dem vorgelegten Treatment aber, daß es kein billiger Film werden könne. Er täuschte sich nicht: Es wurde der teuerste Film der Stummfilm-Epoche unter dem UFA-Rhombus. Und das hatte Folgen...

Denn für 310 Aufnahmetage und 60 Aufnahmenächte in der Zeit vom 22. Mai 1925 bis zum 30. Oktober 1926 mußte das anfänglich zugrunde gelegte Budget einige Male erhöht werden. Erich Pommer überzeugte den Aufsichtsrat der UFA, die notwendig gewordenen finanziellen Nachforderungen zu genehmigen. Es gab auch nur zwei Alternativen, entweder die Aufnahmen abzubrechen oder eine weitere Million nachzuschieben.

Der Film hieß *Metropolis* und übertraf hinsichtlich der Technik alles bisher Dagewesene, selbst der Russe Sergej Eisenstein, Regisseur des aufsehenerregenden, revolutionären und revolutionierenden Klassikers *Panzerkreuzer Potemkin* (mit seiner später überall nachgeahmten Montage-Technik) und dem zweiten Publikumsrenner *Zehn Tage, die die Welt erschütterten,* staunte an der Seite seines schwedischen Stamm- und Chefkameramannes Eduard Tisse beim Besuch in Babelsberg. Insonderheit über die vielen Tricks, deren sich die Kameraleute Karl Freund und Günther Rittau bedienten. Bedienen mußten!

Der Maler Eugen Schüfftan hatte zu der Zeit das Einspiegelungsverfahren erfunden. Das ging so vor sich:

Für das Sportforum mit Statuen, die scheinbar dreifach über das Maß normaler Menschen hinausgingen, wurde lediglich ein Modell von dreißig Zentimeter Höhe benötigt. Dieses Modell spiegelte man auf den Rundbau mit den Statuen ein. D. h., zwischen Kameralinse und Spezialstativ brachte man eine versilberte Spiegelfläche an. Dann kratzte man von dem Spiegelbelag so viel weg, daß der Blick des Kameramannes durch die Linse genau nur den wirklich gebauten Teil sah. Das Modell, das den tatsächlichen Bau zur Gesamtansicht ergänzen sollte, stand seitlich

Fritz Lang machte die Kamera beweglich ... Damals eine Sensation: Für seinen Film »Metropolis« ließ Lang die Kamera beweglich auf eine Gleitschiene setzen. Für andere Szenen wurde (wie unten) ein transportabler Kamerawagen mit gummibereiften Rädern eingesetzt. Das Foto zeigt Fritz Lang (an der Säule) mit Gustav Froehlich bei einer Passage zum Film »Metropolis«.

vom Apparat ebenfalls auf einem Spezialstativ. Und zwar in einem derartigen Winkel, daß das reflektierte Bild haargenau auf den realen Bau paßte.

Während Rittau in den *Nibelungen* Siegfrieds Ritt durch den Kulissen-Wald mit den hineinkopierten effektvollen Sonnenstrahlen nur siebenmal belichten und dann einzeln Bild für Bild in der Dunkelkammer bearbeiten mußte, dauerte die Trickaufnahme einer nächtlichen Hauptstraße in der Millionärsstadt vier Monate. Auch sie bestand nur aus einem Modell. Aus einer Unter- und einer Oberstadt. Die Oberstadt, ein Viertel gewaltiger Hochhäuser, deren breiträumige Straßen von einem unaufhörlichen Wagenstrom durchzogen, von Verkehrsflugzeugen beständig überflogen wurden, war das Reich des Großunternehmertums, der hochbezahlten Angestellten und einer vergnügungssüchtigen »Jeunesse dorée«. In der Unterstadt bedienten die Arbeiter, vom Tageslicht abgeschnitten, ihre ungeheuerlichen Maschinen. Sie waren keine Arbeiter mehr, sondern zu Sklaven geworden. Der Film behandelte den Aufstand der Tiefe gegen die Oberwelt und endete mit der Versöhnung von Unten und Oben.

Die Miniatur-Hauptstraße mit Stück für Stück einzeln weitergerückten Autokolonnen, Menschen und kreisenden Flugzeugen mußte nach einem genauen Plan, in dem die Schnelligkeit der Fortbewegung in Zentimetern berechnet war, aufgenommen werden.

Das war nötig, um die Kontrolle über den Lichtwert des Negativs zu behalten. Die ganze Szene in einer Bildlänge von 20 Metern wurde nicht gedreht, sondern Bildfenster für Bildfenster geknipst. Dafür hatte die schwere amerikanische Mitchell-Kamera, von Lang und Pommer nach dem Amerika-Trip empfohlen, einen Auslöseknopf erhalten. Sie war einzementiert, damit nicht ein noch so leichter Rutsch alle Mühen umsonst machen konnte. Ein Voltmeter an der Apparatur sollte die kleinste Stromschwankung anzeigen. Neun Glühlampen tauchten das nächtliche Wolkenkratzer-Idyll in helles Licht. Reklame-Lampen blen-

Szene aus Fritz Langs »Metropolis« mit Alfred Abel und (auf dem Bildschirm) Heinrich George

deten an und aus. Als Rittau diese Szenen nach 124 Tagen aus dem Kopierwerk zurückerhalten hatte, waren die 20 Meter Negativ siebenundfünfzigmal am Bildfenster der Kamera vorbeigewandert.

Lang war in seinem Element. Sein Arbeitsfanatismus riß alle mit. Bei einem solchen Projekt, für das insgesamt 620 000 Meter Negativ- und 1 300 000 Meter Positivfilm verbraucht wurden, gab es auch Pannen und Schwierigkeiten. Für das Szenario des Turmbaus zu Babel zum Beispiel hatten ihm – im Teamwork mit seiner Autoren-Gattin – sechstausend kahlköpfige, schmachtende, schuftende Sklaven vorgeschwebt. Er jagte seine Aufnahme-

Folgende Doppelseite:
Die monumentale Maschinenhalle aus Fritz Langs »Metropolis«

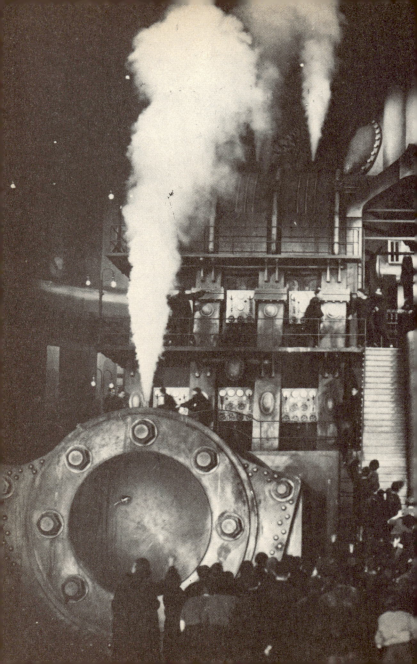

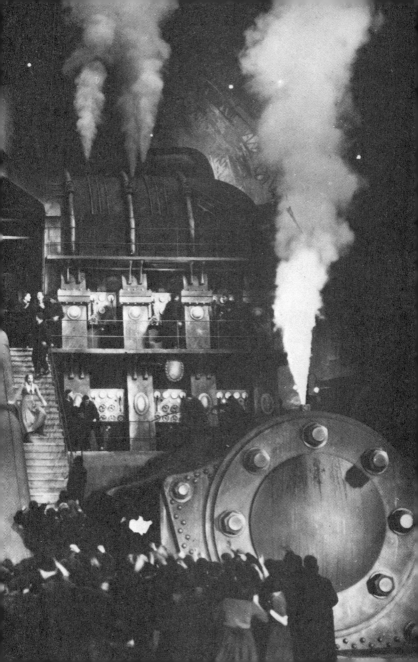

Rechts oben: Die Schaffung des künstlichen Menschen. Szene aus Fritz Langs »Metropolis« mit Rudolf Klein-Rogge und – in der Glasröhre – Brigitte Helm.

Rechts unten: Der Maschinenmensch und sein Erfinder – Szene aus »Metropolis« mit Rudolf Klein-Rogge

leiter in die traditionelle Filmbörse in der oberen Friedrichstraße, um Komparsen in dieser Anzahl für dieses Unterfangen zu verpflichten. Denn Pommer knauserte ja nicht. Aber wer hatte schon Lust, sich die Mähne scheren zu lassen?! Schließlich hatte man Glück, wenigstens tausend Bereitwillige in die Rehberge hinauszulocken. Lang machte aus der Not eine regieliche Tugend: er ließ die Glatzen-Männer – wie auf Provinzbühnen infolge Mangel an Masse mit Chor und Statisterie oft gehandhabt – nach ihrem ersten Defilée einfach noch ein weiteres, zweites und drittes Mal an Karl Freunds Kamera vorbeimarschieren...

Auch für eine Szene im Katakombensaal der Unterwelt sollten Massen bewegt werden. Man hatte sie so gegliedert:

»*129. Bild: Katakomben-Saal*
Gesamt-Aufnahme
von oben

die unbewegliche Masse der lauschenden
Arbeiter.
Vor dem Altar Maria.

Gesamt-Aufnahme:

Maria mit vor der Brust gefalteten Händen,
spricht:

Vorhergehende Doppelseite: 1927 – Fritz Langs Zukunftsvision einer Großstadt nach seinem USA-Besuch. Die für damalige Verhältnisse überwältigend wirkende Trickaufnahme wurde nach dem Schüfftan-Spiegelverfahren hergestellt.

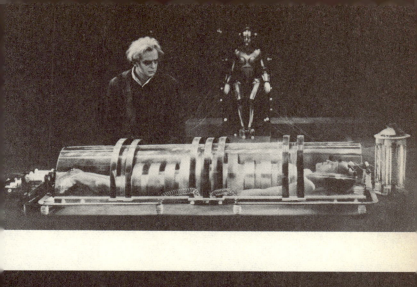
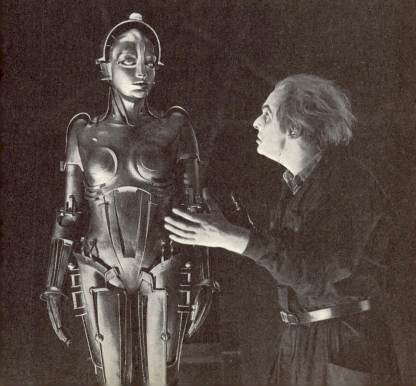

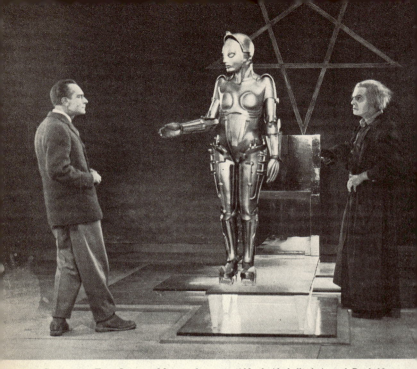

Szene aus Fritz Langs »Metropolis« mit Alfred Abel (links) und Rudolf Klein-Rogge

130. Bild

»Heute will ich euch die Legende vom Turmbau zu Babel erzählen...«
Die Worte: »die Legende vom Turmbau zu Babel« beginnen zu leuchten, während die anderen wegschwinden.

131. Bild

Unter dem Sternenhimmel, höher stehend als die vier, die ihn feierlich umstehen, der schöpferische Mensch. Er schaut mit feierlich-trunkenem Ausdruck zu den Sternen auf, hebt die Hände zur Höhe der Brust, sagt:

»Auf! Laßt uns einen Turm bauen, dessen Spitze bis an die Sterne reiche!«
Er hebt beide Hände hoch über seinen Kopf in höchster, feierlicher Trunkenheit seiner Gedanken:

»Und an die Spitze des Turmes wollen wir schreiben:
Groß ist die Welt und ihr Schöpfer!
Und groß ist der Mensch!«
Und die keuchenden Fronknechte in Thea von Harbous Drehbuchphantasie:

133. Bild

Stilisiertes Bild von Menschenzügen. Über- und untereinander kopiert herantrottende Züge von Menschen, aus allen Richtungen, strömend, sich schiebend, trottend.

überblenden 134. Bild

Arbeits-Bild der Fron am Turmbau zu Babel. Schräg im Bild, es fast ganz ausfüllend, ein übergewaltiger, riesenhafter Quaderblock, auf Rollen liegend, schräg geneigt. An den Rollen, an den Rändern fronende, keuchende, stöhnende Menschen, durch die Riesengröße des Quaderblocks zu Ameisen-Winzigkeit hinabgedrückt.
Aber die Hände, die den Turm Babel erbauten, wußten nichts von dem Traum, den das Hirn, das ihn erdacht hatte, träumte.«

Die Absurditäten der Handlung gingen zweifellos auf das Konto der Drehbuchverfasserin. Lang betrachtete die Szenerien seiner Frau vornehmlich als Libretti, die ihm gestatteten, seine Bild- und Bewegungsarrangements auf einen Handlungsfaden aufzuziehen. Er hat aber nie geleugnet, mitverantwortlich gewesen zu sein. Genauso wenig, wie er freimütig bekannte, daß Bert Brecht ihn beeinflußt habe. »Wen nicht, der sich ehrlich mit der Zeit, in der er lebt, auseinandersetzen will! Konnte man an einem Genie wie B. B. einfach vorübergehen? Was aber nicht zu bedeuten brauchte, sich unbedingt seine Anschauungen zu eigen machen zu müssen...«, gestand der große Filmemacher. Es spricht für seine Fairneß, dazu auch noch zu stehen, als die beiden Berlin-Auswanderer sich bei der Produktion des *Hangmen also die*-Films in ihrer amerikanischen Wahlheimat als gemeinsame Stofflieferanten und Drehbuchverfasser später in den Haaren lagen. Beide trugen sich aber nichts nach. Brecht bot seinem Weggenossen in den fünfziger Jahren an, nach Ost-Berlin zu kommen und in den wieder instandgesetzten Ateliers in Babelsberg zu arbeiten.

Für Brecht war stets die *Sprache* vorrangig, für Lang das *Bild!*
In einem Kulturfilmbuch vertrat er 1924 die Meinung, daß es in jedem Jahrhundert irgendeine Sprache gegeben habe, in der die Gebildeten aller Länder sich verständigen konnten. »Der Film« – so Lang wörtlich – »ist das Esperanto für die ganze Welt – und ein großes Kulturmittel. Man braucht, um seine Sprache zu begreifen, nichts anderes als zwei offene Augen«. Das vor allem in *Metropolis!*

Zu den Prinzipien Langs gehörte es, für fast jeden seiner in Deutschland gedrehten Filme neue Gesichter zu wählen. (Mit einer Ausnahme: Rudolf Klein-Rogge durfte bis zum *Testament des Dr. Mabuse* immer wieder dabei sein, mit Ausnahme der *Frau im Mond*).

Links: Szenen aus Fritz Langs 1927 uraufgeführtem Großfilm »Metropolis« mit (oben) Gustav Froehlich und (unten) Margarete Lanner,

Zwei Szenen aus Fritz Langs »Metropolis« mit Brigitte Helm

Zwei Szenen aus Fritz Langs »Metropolis«, oben mit Alfred Abel und Gustav Froehlich

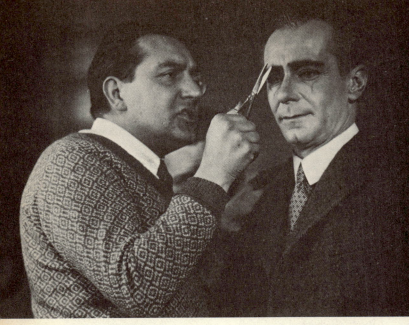

Der Regisseur als Maskenbildner. Fritz Lang bei »Korrekturarbeiten« an Alfred Abels Augenbrauen während der Aufnahmen zu »Metropolis« (1926)

Für *Metropolis* waren gleich drei neue Darsteller ausgesucht worden: Der wuchtige Heinrich George, damals Novize am Steglitzer Schloßparktheater, dessen Intendanten zu dieser Zeit das Ehepaar Hans Junkermann und Julia Serda waren, ferner der ehemalige Journalist Gustav Fröhlich und ein blutjunges Mädchen namens Brigitte Helm. Dessen ehrgeizige Mutter hatte die Internats-Schülerin während der *Nibelungen*-Drehzeit einmal bei Probeaufnahmen plazieren können, dann aber bis zum Drehbeginn von *Metropolis* nie wieder etwas aus der Filmstadt gehört.

Da allerdings schien sich Lang des eigenwilligen, schlanken, blonden Mädchens mit den langen Zöpfen erinnert zu haben. Mit Einwilligung Pommers engagierte er es für die schwierige Doppelrolle der Maria.

Brigitte Helm (ihr richtiger bürgerlicher Name war Schittenhelm), spätere geschiedene Weißbach und jetzige Lebenskameradin des Münchner Fabrikanten von Kunheim, hatte ein sensationelles Debut. Allerdings war sie durch die Doppelrolle zum ersten deutschen Film-Vamp typisiert. Noch nach Jahren entsann sie sich:

»Lang war unerbittlich. Thea hatte den Einfall gehabt, die unterirdische Arbeiterstadt in einer Überschwemmung untergehen zu lassen. Rund 14 Tage lang mußten die Komparsen in dem – allerdings angewärmten – Wasser herumplätschern. Aus den ärmsten Gegenden Berlins holte sich Langs Stab die magersten Kinder für die »Unterwelt«-Szenen. Manchmal tobten bis zu 500 Kinder täglich über das UFA-Gelände. Die UFA hatte einen großen beweglichen Ponton konstruiert, auf dem Fritz Lang und sein Aufnahmestab mit trockenen Füßen umhergondelten. Dabei feuerte der Regisseur sein »Volk« per Megaphon an, die größ-

»Swinging Camera« – schon 1926 ... Fritz Lang bei den Dreharbeiten zu »Metropolis«. Rechts im Bild: Chefkameramann Karl Freund.

ten Duschen aufzusuchen und realistische Verzweiflung zu mimen. Diese Szene gab Lang neue Möglichkeiten filmischer Gestaltung: die Masse will sich durch die einzige eiserne Tür zur Oberwelt retten. Die Tür ist versperrt, aber in Todesnot stürzen sich die Menschen immer wieder und wieder dagegen. Für dieses Bild ließ der Kameramann sein Gerät auf eine Schaukel montieren. Immer wieder pendelte sie gegen die Tür. Die angstverzerrten Gesichter in Großaufnahme – wieder von fern nur die gesichtslose Masse hin und her, – so vermittelte die Kamera dem Zuschauer ein schwindliges Angstgefühl. Selbst eine echte Explosion scheute Lang um der Realistik willen nicht. Er ließ das Riesenmodell der Moloch-Maschine in natura in die Luft gehen.«

Für dieses Zauberwerk des Visuellen und der Faszination wurden seinerzeit benötigt:

 8 Hauptrollen
 750 kleinere Rollen
 25000 Komparsen
 11000 Komparsinnen
 1100 Kahlköpfe
 750 Kinder
 100 Neger
 25 Chinesen
 1600000 Mark Arbeitslöhne
 200000 Mark Kosten für Kostüme
 3500 Paar Schuhe
 75 Perücken
 50 Autos nach eigenen Entwürfen
 400000 Mark für Licht, Farbe, Holz, Mörtel.

Allein für die Überschwemmung der unterirdischen Arbeiterstadt und die Rettung zurückgelassener Kinder waren 138 Einstellungen der Kamera erforderlich.

Das ging natürlich ins Geld.

Schon vor der immer wieder hinausgeschobenen Premiere

Das überzeugende Vorbild: Fritz Lang spielt Brigitte Helm und Heinrich George eine Szene aus »Metropolis« vor; unten die Szene im Zusammenspiel George/Helm

Brigitte Helm, die Entdeckung Fritz Langs für seinen Großfilm »Metropolis«

dieses 4189 Meter langen Mammut-Streifens am 10. Januar 1927 hatte es bei der UFA Krisen am laufenden Band gegeben, finanzielle Engpässe, – mit einem Wort: Die UFA war pleite. Damals schob man Pommer und Lang die Schuld in die Schuhe, durch laufende Überschreitungen des bewilligten Etats die finanzielle Misere mitverschuldet zu haben. Dabei war es in Branchenkreisen ein offenes Geheimnis, daß man die Budgets auch anderer Produktionen – wie zum Beispiel jenes des auch nicht billigen Experimenteurs Friedrich Wilhelm Murnau (richtiger Name Plumpe) – einfach auf das *Metropolis*-Konto verbucht hatte.

Pommer und Lang zogen die Konsequenzen: Der Produzent erhielt eine verlockende Offerte aus Hollywood und übernahm den gleichen, aber viel höher dotierten Job bei der FOX an. Auch Lang gab seinen Vertrag an die UFA zurück und gründete eine eigene Herstellungsfirma: FRITZ LANG FILM, Anschrift: Berlin SW 48, Friedrichstraße 224. Telefon: BERGMANN 1722–24.

Dreh-Angebote ließen nicht lange auf sich warten. Aber Fritz und Thea hatten zunächst auf Grund der gemachten Erfahrungen die Produktions-Nase voll, sie machten erstmal Pause.

Fritz Lang, wie ihn ein Berliner Presse-Karikaturist um 1927 sah

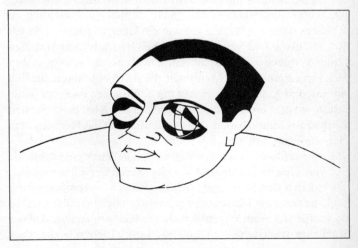

Schöpferische Pause

Vortragsreisen, Rundfunk-Referate und Presseartikel lösten einander ab. Einer davon befaßte sich mit Film-Regie. Es las sich so:

Man sagt, daß die Künstler das Beste leisten, die in ihrem Fach Monomanen sind. Hierin liegt der ausschlaggebende Unterschied zwischen dem Künstler, der *Filmregisseur* ist, und den anderen Künstlern: er muß etwas *Universelles* sein, das heißt, er muß von jeder Kunst das Stärkste haben: vom Maler den Blick für das Bildmäßige, vom Bildhauer die Bewußtheit der Linie, vom Musiker den Rhythmus, vom Dichter die Konzentration der Idee. Er braucht daneben aber etwas, das sein eigenstes Können ist: *Tempo!* Tempo heißt nicht Rasen, nicht sinnlos überstürzte Hast. Tempo heißt Raffen, Straffen, Steigern, Hochreißen und Zum-Gipfel-Führen. Einem Film Tempo geben, heißt nicht, Ereignisse sich überstürzen lassen, Bilder aufeinander jagen, es heißt nur, auf dem Instrument, das wir meistern, alle Saiten fortgesetzt in der genau richtigen Schwingung zu erhalten; denn ein Nachlassen wie ein Überspannen der Saiten gibt Mißklang und Verstimmung. Die Dynamik einer Hetzjagd hinter Verbrechern her ist eine andere als die des schweigenden Sich-Anstarrens zweier Menschen, die sich nicht rühren, die sich nur mit den Augen messen, nur mit den Blicken nach der Stelle tasten, wo dem anderen die Schlagader pulst. Aber beide Szenen können ein Tempo haben, daß dem Zuschauer das Herz aus dem Hals springen möchte.

Es versteht sich von selbst, daß jeder Spielleiter ganz subjektiv nur von seinem Standpunkt aus das Wesen der Filmregie sich auswirken lassen kann, und je mannigfaltiger die Temperamente sind, die den Film künstlerisch zu meistern sich bemühen, um so besser für den Film. Wesentlich aber scheint mir zu sein, daß der Spielleiter es versteht, die zehn und zwanzig Elemente, die er zur

Mitarbeit an seinem Werk braucht, zur selben Hingabe an das Werk, zur selben bedingungslosen Hingabe an das Ganze zu erziehen, die in ihm selbst sein muß, wenn das Werk gut werden soll. Der Unfug des Starsystems, der nicht zum wenigsten dazu beigetragen hat, den Film als Kunstbegriff in Verruf zu bringen, hat bei uns ja glücklicherweise so ziemlich abgewirtschaftet. An seine Stelle tritt *das Bestreben, ein Ensemble zu schaffen*, in dem jeder einzelne für seine Aufgabe der Beste ist. Der Spielleiter muß aber die Fähigkeit haben, nicht nur dieses Ensemble zum Höhepunkt der Leistung zu steigern, sondern auch aus jedem einzelnen das Beste herauszuholen, was er zu geben hat. Es ist also gleichsam gleichzeitig eine Nah- und eine Ferneinstellung auf das Schauspielerische notwendig, was eine hohe Kenntnis von der Psyche der darstellenden Künstler erfordert.

Und wie zum Darsteller, so muß der Spielleiter den rechten *Kontakt zu seinem Operateur und seinem Architekten* finden, diesen beiden so unendlich wichtigen Faktoren eines guten Films. Es genügt nicht, daß er an Hand des Manuskriptes mit dem Architekten aufs ungefähre den Rahmen bespricht, den dieser für den Film schaffen soll, er muß die Fähigkeit haben, ihm die Intuition vom Stil des Werkes so nahe zu bringen, daß er mit dem spröden, ja fast lächerlichen Material, aus dem Filmbauten bestehen, arbeitet, als schüfe er unvergängliche Bauten aus Marmor und schmücke sie mit Goldmosaik. Denn diesen Bauten, die für den Augenblick geschaffen werden, muß ein Hauch von Ewigkeit anhaften, gleichviel, ob sie prunkend oder primitiv, monumental oder zierlich sind. Die Besonderheit des Films kann sie in zehn, in fünfzig Jahren wieder auferstehen lassen, und es muß das Streben des Films sein, als Kunstwerk etwas von jener Unabhängigkeit gegen den Wandel der Jahrzehnte zu bekommen, die jedes Kunstwerk als Gradmesser seines Wertes besitzt.

Es handelt sich heute nicht mehr darum, ungeheure Menschenmassen in Bewegung zu setzen, um den Eindruck von Größe zu erwecken; es handelt sich *nicht* darum, durch *Äußerlichkeiten* ein Filmwerk ins Monumentale zu erheben. Das sind

Requisiten, die der moderne Filmregisseur nur sparsam, als Mittel zum Zweck, nie als Selbstzweck verwendet. Es handelt sich darum, für die Darstellung in dem, was menschenmöglich ist – sei es lieben oder hassen, herrschen oder leiden, heroisch-tragisch, oder grotesk-komisch sein – den *stärksten Ausdruck in der modernsten* Form zu finden.

Der Film ist heute noch am Anfang seiner Entwicklung. Wundervolles liegt noch vor ihm. Unmöglich ist ihm nichts. Ihn zu der Stufe zu heben, die ihm gebührt, ist aber nur da möglich, wo sich jeder Arbeiter, jeder Beleuchter, jeder Schauspieler, jeder technische Mitarbeiter verantwortlich für das Ganze fühlt – in der Hand eines *Spielleiters*, der sich für die Leistung eines jeden einzelnen verantwortlich fühlt. Der Weg zu diesem Ziel ist weder glatt noch kurz, aber das Ziel ist es wert, rückhaltlos sein ganzes Selbst dafür einzusetzen.«

Lang hat es Zeit seines Lebens getan. Zuerst in Europa, später auch in Amerika.

UFA braucht Lang

Langs und Pommers Ausstieg bei der ins Schleudern geratenen UFA bedeutete einen Schlag für das Unternehmen. Zumal auch Darsteller wie Emil Jannings, Conrad Veidt, Lya de Putti und später die in Murnaus *Faust*-Film als Gretchen auf der Leinwand debütierende Camilla Horn ihre Verträge nicht erneuert hatten, sondern den amerikanischen Schalmeien-Klängen gefolgt und nach Hollywood gegangen waren. Vorübergehend zwar nur,

Fritz Lang bei der Arbeit im Studio

Szene aus dem Fritz-Lang-Film »Spione« (1928) mit den Darstellern Fritz Alberti, Craighall Sherry und (rechts sitzend) in der Rolle eines fernöstlichen Diplomaten Lupu Pick, der auch als Regisseur, besonders von sog. »Kammerspielfilmen«, einen guten Namen hatte

Links: Der auch als Regisseur einiger namhafter Filme bekannt gewordene, aus Rumänien stammende Lupu Pick in der Rolle des japanischen Diplomaten Dr. Masimoto in Fritz Langs 1928 gedrehtem Film »Spione«

aber für die Besetzungslisten mußten neue Publikums-»Lokomotiven« im UFA-Hauptquartier am Potsdamer Platz gefunden werden. Das Riesengebäude an Berlins verkehrsreichstem Platz hatte ebenfalls bald »ausgespielt«, ebenso wie der glücklose Generaldirektor Dr. Ferdinand Bausback. Der vormalige Karlsruher Bankdirektor war für die unselige Fusion mit den überseeischen Produktions-Firmen wie FAMOUS PLAYERS LASKY (PARAMOUNT) und METRO-GOLDWYN-

Ludwig Maibohm, der Autor dieses Buches, in freundschaftlichem Gespräch mit dem Hauptdarsteller des Fritz-Lang-Films »Spione«, Willy Fritsch

PICTURES verantwortlich gemacht worden. Das Abkommen sah vor, daß die Film-Herstellung dieser bedeutenden US-Gesellschaften auch auf den Wirkungskreis der UFA überging; umgekehrt sollte es der deutschen Firma den amerikanischen Markt öffnen. Das las sich auf dem Papier verlockend. Die beiden Hollywood-Unternehmen gaben der UFA gleichzeitig ein Darlehen über vier Millionen Dollar (damals ungefähr 17 Millionen Mark)... Bei einer Laufzeit von zehn Jahren mußten sie mit siebeneinhalb Prozent verzinst werden.

Dieser Vertrag erwies sich für die UFA aber bald als ein Würgegriff. Denn nun strömten Hollywood-Filme en masse in die UFA-eigenen Lichtspieltheater, dagegen brauchten deutsche Filme nur dann auf der anderen Seite des Atlantiks gespielt zu werden, wenn man's dort für opportun hielt. Das alles rangierte unter dem hochtrabenden Firmennamen PARUFAMET. Als Sicherheit hatten die deutschen Vertragspartner das repräsentative Verwaltungsgebäude verpfändet. Es konnte nicht gehalten und mußte verkauft werden. Bausback mußte gehen. Und bei der nun offen gelegten Bilanz stellte sich heraus, daß man Lang und Pommer mit der Behauptung, sie hätten durch die enorme *Metropolis*-Budget-Summe mit zu dem Dilemma beigetragen, unrecht getan hatte. Es wurde ihnen sogar offiziell bestätigt. Das war auch Anlaß für den Filmregisseur, die in eigenem Unternehmen gedrehten Filme zumindest unter dem UFA-Signum verleihen zu lassen.

Drei Monate nach der *Metropolis*-Premiere konnte man im Handelsteil der deutschen Presse lesen, daß Scherl-Verlags-Besitzer Alfred Hugenberg zusammen mit Otto Wolff, einem Schwerindustriellen, die Aktienmajorität gekauft habe. An die Stelle des glücklosen, für die Filmbranche indifferenten Ferdinand Bausback rückte Ludwig Klitsch, ein alter »Zelluloid-Hase«, Fachmann durch und durch und Re-Organisator des marode gewordenen Unternehmens. Er hatte 1917 schon die Firma DEULIG gegründet, und später für Hugenberg den Scherl-Verlag exzellent geleitet. Klitsch wußte, daß für seinen neuen Wirkungsbereich, den Film, nur gute, publikumswirksame Streifen für volle Kassen sorgen und das angeschlagene Prestige wieder lukrativ machen könnten. Dazu gehörten natürlich in erster Linie Fritz Lang-Filme.

Zusammen mit seiner Frau hatte er – die einzig übrig gebliebene Regie-Koryphäe – sich in seiner neuen Wohnung am Hohenzollerndamm 52 diesmal ein Thema einfallen lassen, das in etwa an den »Mabuses-Spieler«-Stoff anknüpfte, ebenfalls mit kriminellem Einschlag also ... Kernpunkt der Handlung: Spionage! Ein Bankdirektor unterhält in geheimen Hinterräumen eine

Nachrichtenzentrale, tritt dabei in verschiedenen Masken auf, setzt Agenten ein und an, bedient sich dabei aller in solchen Kreisen üblichen verbotenen und brachialen Mittel. Ein junger Detektiv ist ihm auf der Spur. Bis er den genialen Verbrecher auf den letzten Film-Metern nach abenteuerlichen Verfolgungsjagden zur Strecke bringt, hat er unzählige gefährliche Episoden zu überstehen. Unterstützt wird er dabei von einer Assistentin des Bösewichts, die sich von ihrem Auftraggeber löst und sich in den jungen Kriminalbeamten verliebt. Ehe es aber zum Happy end kommt, reiht sich eine atemraubende Szene an die anderen. Der Titel *Spione* versprach nicht zuviel!

Auch diesmal blieb Lang seiner Gewohnheit treu und engagierte für diesen Film, den man später als Vorbild für eine ganze Reihe dieses Genres bezeichnete, bis dahin unbekannte Darsteller. Für die tragenden Frauen-Rollen wählte er die Kroatin Gerda Maurus sowie die an sich dunkelhaarige Holländerin Lien Deyers. Für ihren Part mußte sie sich jedoch semmelblond umfärben lassen. Willy Fritsch, den man bisher nur als lachenden Naturburschen, jugendlichen Liebhaber und Herzensbrecher von der Leinwand her kannte, durfte als Geheimdetektiv Nr. 326, »Charakter zeigen«.

Natürlich war auch Theas Ex-Ehemann Rudolf Klein-Rogge wieder dabei: Er spielte den Superspion, wie in den ersten beiden Mabuse-Filmen auch diesmal wieder in verschiedenen Masken. Für Willy Fritsch hatte das Engagement zwei Vorteile: Einmal erhielt er das dreifache seiner ihm bisher von der UFA gezahlten Gage, zum anderen vermochte er endlich einmal die Schablone des umschwärmten Schönlings abzustreifen. Allerdings mußte er sich aus Tarnungsgründen, um nicht als Detektiv erkannt zu werden, einen Stoppelbart wachsen lassen, durfte sich tagelang nicht rasieren und wurde in eine Verkleidung gesteckt, die ihn als verwahrlosten Tramp auswies. Die vertraglich vereinbarte Gage von 3000 Mark im Monat tröstete ihn allerdings darüber hinweg.

Gedreht wurde wieder in Babelsberg, obwohl Fritz Lang nicht mehr »zum Hause« gehörte. Das hinderte ihn jedoch nicht, wie-

In Fritz Langs Kriminalfilm »Spione« mußte »der schöne Willy«, Willy Fritsch, in der Rolle eines als Landstreicher verkleideten Detektivs gegen sein Film-Image als Liebhaber und Herzensbrecher anspielen

»Spione« war einer der letzten großen Stummfilm-Erfolge Fritz Langs. Unser Foto zeigt eine Szene mit Rudolf Klein-Rogge als »Haghi« und Gerda Maurus als »Sonja«.

der fast lebensgetreue Kulissen entwerfen und aufbauen zu lassen. Wie vorher Pommer, knauserte auch er nicht mit dem Geld. Für eine Szene auf dem Platz vor der Bank des Meisterspions ließ er eine richtige Straße mit mehreren Fahrbahnen anlegen. Damit der Asphalt nicht beschädigt wurde, mußten Darsteller und Aufnahmestab laufend über Holzbrücken klettern.

Das bedeutete aber nicht die größte Schwierigkeit. Viel schlimmer wurden alle vor der Kamera herangenommen, egal ob die bisher nur auf Wiener Bühnen tätige Gerda Maurus, ob der bis dato im Wiener Milieu als Heurigensänger auftretende Paul Hörbiger (nun als Chauffeur und Leibwächter des von

Fritsch verkörperten Kriminalbeamten), ob der in Rumänien gebürtige Filmregisseur Lupu Pick *(Scherben und Sylvester)* mit etwas asiatischer Physiognomie (daher auch folgerichtig als japanischer Spionage-Abwehr-Chef eingesetzt), der Engländer Craighall Sherry, den Lang sich als Polizei-Präfekt extra aus London nach Berlin geholt hatte. Jedenfalls knisterte es vor Spannung im Studio. Wie immer, wenn Fritz Lang inszenierte...

Willy Fritsch sträubten sich noch Jahre später die gewellten Haare, wenn er an die *Spione*-Drehzeit zurückdachte. Der 1901 im einstigen oberschlesischen Kattowitz geborene ehemalige Reinhardt-Eleve erinnerte sich:

Auch die kleinste Kleinigkeit war für Fritz Lang wichtig. Unser Foto zeigt ihn als »Gehilfen des Maskenbildners« vor dem Drehen einer Szene zu »Spione«.

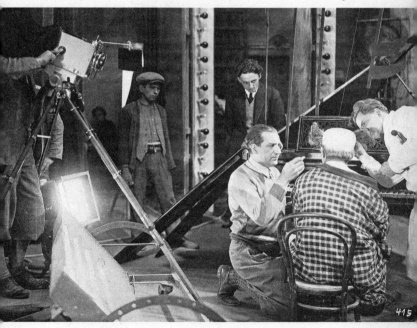

»Da war eine Szene, in der ich mit einer Axt eine Wand einschlagen mußte, hinter der ich den Bösewicht vermutete. Aus irgendwelchen Gründen explodierte aber dann das ganze Haus. Bei den Aufnahmen handelte es sich darum, daß ich in dem Augenblick der Explosion, aber auch nicht eine Sekunde früher, von fünf Arbeitern zurückgerissen werden mußte, damit ich nicht von der Mauer, die mit großem Gekrach einstürzte, begraben würde. Die Arbeiter zogen an einem Seil, das hinten an meinem Gürtel befestigt war. Dergleichen Aufnahmen machten Fritz Lang ungeheuren Spaß. Er sagte: ›Ich zähle bis ›drei‹. Bei ›zwei‹ muß Fritsch zurückgerissen werden, bei ›drei‹ fällt die Mauer ein!‹ und dann zählte er. Mir war nicht ganz wohl zumute, mein bißchen Leben war schließlich nur davon abhängig, daß die Arbeiter hinter mir mich schnell genug zurückreißen würden. Ich bin der festen Überzeugung, daß Fritz Lang nicht eine Sekunde gezögert hätte, die Mauer auf mich niederprasseln zu lassen, wenn ich drunter gewesen wäre.

Ich bin kein Held, begebe mich ungern in Situationen, die in irgendeiner Weise gefährlich werden könnten. Fritz Lang aber liebte es, seine Schauspieler in solche Situationen zu bringen.

Da war jene andere Szene auf der Varietébühne. Der Bösewicht gibt seine letzte Vorstellung, die Maurus und ich stehen in der Kulisse. Der Bösewicht weiß, er ist umstellt – wohin er blickt, sieht er Polizisten. Da zieht er einen Revolver. Das Publikum glaubt, es handle sich um eine Attrappe und lacht sich tot. In dem Augenblick, da er schießt, erkenne ich, daß er der Maurus ans Leben will – und reiße sie zur Seite. Und schon in dem Augenblick erscheint auf der Glasscheibe, vor der sie stand, der Einschuß der Kugel. Hätte ich eine Viertelsekunde gezögert, die Maurus wäre nicht mehr.

Fritz Lang ließ es sich nicht nehmen, selbst zu schießen. Er sagte: ›Ich zähle bis drei. Bei zwei ...‹

Ich glaube, wir gingen zwanzigmal durch diese Szene. Es stellte sich nämlich heraus, daß eine Revolverkugel sich in die Glasscheibe nicht markant genug einbohrte. Lang probierte eine

In Fritz Langs »Spione« spielte Willy Fritsch einmal nicht den »schönen Mann«, sondern einen als Landstreicher verkleideten Detektiv. Neben ihm links Craighall Sherry.

Flinte, eine Schleuder, probierte alle möglichen Schußwaffen. Die Maurus war halbtot, bevor es zu Ende war.

Dabei wäre es ganz einfach gewesen, die Szene zu drehen. Der Schuß hätte ebensogut eine Woche später abgegeben werden können. Aber wer solche Lösung vorschlug, kannte Fritz Lang nicht. Er wünschte seine Schauspieler in Angst und Schrecken zu versetzen. Er glaubte, diese Angst würde sich irgendwie auf das Publikum übertragen. Der Erfolg gab ihm recht.«

Erstmalig seit 1921, seit den Aufnahmen zum *Müden Tod*, hatte Fritz Lang wieder Fritz Arno Wagner an die erste Kamera berufen. Der hatte 1923 den berühmten Film *Schatten* mit Fritz Kortner gedreht, einen jener wenigen Spielfilme nach Langs zweiteiligen *Nibelungen*, bei denen die Kritik sich neben der Darstellung auch mit der Photographie lobend auseinandersetzen mußte. Wagner hatte den Beruf eines Operateurs wie Carl Hoffmann, Günther Rittau, Karl Freund von der Pike auf gelernt, war schon in den grauen Stummfilmzeiten Leiter des »Pathé-Journal« in Berlin, der ersten Wochenschau also, und auch für *Spione* ein schöpferischer, künstlerischer Mitgestalter mit eigener photographischer Handschrift.

Noch ein Umstand war für die Handlungsverdichtung und den stürmischen Gesamterfolg mitentscheidend: eine eigens komponierte Untermalungsmusik. Dabei zitterten die Bilder zu diesem Zeitpunkt – 1927 – noch stumm über die Leinwand.

Amerika gab dazu den Anstoß, war in des Wortes ursprünglichster Bedeutung tonangebend gewesen und hatte neue Maßstäbe gesetzt. Berlin profitierte davon:

Im UFA-Palast am Zoo, Berlins seinerzeitiges Premieren-Theater Nr. 1, spielte damals ein 100-Mann-Riesenorchester. Den Dirigenten hatte man eigens aus den Vereinigten Staaten kommen lassen: Ernö Rappée hieß er, ein gebürtiger Ungar. Er hatte sich als Musikstudent an der königlich-ungarischen Hochschule bewährt, war vor Ausbruch des ersten Weltkrieges nach Übersee ausgewandert und hatte sich dort als Pianist und Kino-Kapellmeister einen Namen gemacht.

Die Fama glaubte zu wissen – und wo wird mehr getuschelt als in Künstlerkreisen? – der Musikus aus Budapest habe sein musikalisches Renommee in Wahrheit auf die Eingebung und den Eifer einiger namenloser Komponisten begründet, die ihm die schmissigen Arrangements schrieben, die er mit betonter Gestik, den Taktstock schwingend, hör- und sichtbar mit Grandezza »verkaufte«. Einer seiner jungen, anonymen Assistenten wurde nach der Einführung des tönenden Films einer der glänzendsten, gefragtesten und einfallsreichsten Tonsetzer: Werner Richard Heymann, nach anfänglicher Tätigkeit als Kirchenmusiker in Ostpreußen und seiner späteren Übersiedlung in die Reichshauptstadt als unerschöpflicher Melodienschöpfer und Liedermacher mit noch heute gespielten Ohrwürmern und Evergreens einer der ganz wenigen Notenschreiber, der nach seiner Emigration auch in Amerika Fuß zu fassen vermochte, dort

Plakat zu dem Fritz-Lang-Film »Spione«, den er 1928 in eigener Produktion drehte

brillierte und nach der Rückkehr nach Deutschland vor einigen Jahren in München verstarb.

Spione brachte die Kinokassen zum Klingeln. Berlin allein hatte in jenen Jahren 367 Lichtspielhäuser (1910 waren es noch 139). Und Fritz Lang war nach einer Statistik der Zeitschrift FILM-BÜHNE laut Umfrage in Heft 8, Seite 5 des Jahrgangs 1927 der populärste deutsche Filmregisseur, vor Richard Eichberg und – so die Reihenfolge – Richard Oswald, Friedrich Zelnik, seinem einstigen Lehrmeister Joe May, Gerhard Lamprecht und dem Spezialisten für Berg- und Bergsteiger-Sujets sowie Begründer der Freiburger Kameraschule Dr. Arnold Fanck.

Bis nach Amerika hatte sich Langs individuelles Spielleiter-Können herumgesprochen. Man verlangte nach dem »Krimi«. Man ließ sich einen publikumsträchtigen Gag einfallen und beförderte den Film in der Originallänge von 4364 Filmmetern in feuersicherer Verpackung auf dem Luftwege mit dem deutschen Zeppelin nach drüben. Für devisenbringende Dollars ...

Fritz Lang hatte im Lande der Hollywooder Traumfabriken schon mit den *Nibelungen* und anschließend mit dem utopischen *Metropolis*-Schocker aufhorchen lassen.

Er wurde immer wieder gefragt, warum er in seiner Arbeit von einer Gattung des Films so häufig zur anderen hinüberwechsle, ob es nicht besser sei, sich auf eine »Spezialität« zu konzentrieren. Seine Meinung:

»Vom Deprimierenden zum Amüsierenden – um Napoleons Phrase des ›Du sublime au ridicule il n'y a qu'un pas‹, vom Erhabenen zum Lächerlichen ist nur ein Schritt, zu variieren – sei's praktisch nur ein (Gedanken-)Sprung. Die Wand, die die Tragödie von der Komödie scheidet, ist hauchdünn. Unabwendbar bewegt sich der Fortschritt der Schaukunst zum Realismus. Das Höchste, was man im Film – besser als auf der Bühne oder in jedem anderen Unterhaltungsmittel – erreichen kann, ist *absoluter* Realismus. Wenn wir in den Vorgängen auf der Leinand vertraute Konflikte wiedererkennen, wird die Beteiligung am Geschehen viel intensiver und aufregender. Darum versuche ich, in allen Gattungen des Unterhaltungsfilmes zu inszenieren, wechsele – um mich einmal drastisch auszudrücken – gern von der, sagen wir mal, bunten Operette zum historischen Drama, vom tragischen Kammerspiel zum Volksstück ... Aber nicht allein wegen der angeführten Gründe ...«

In einem Grundsatzartikel für das Fachorgan DIE FILMBÜHNE setzte er sich damit auseinander, ob der Film Kunst oder nur ein Unterhaltungsmedium sei.

Wörtlich hieß es:

»Es gibt kaum ein Thema, das zu erörtern mir müßiger erschiene als die ewige Streitfrage, ob ein Film ein Kunstwerk sein könne. Ich fühle mich auch durchaus nicht berufen, zur Lösung dieses Problems etwas anderes beizutragen als das lakonische, aber erschöpfende Wort: ›Bilde, Künstler – rede nicht!‹ Angesichts des groben Unfugs, der jetzt zuweilen mit dem Begriff Kunst getrieben wird, möchte ich dem Film, den ich liebe und zu dem ich mit meinem ganzen Selbst gehöre, still und friedlich raten: ›Laß dich nicht rubrizieren, bleibe für dich, Zeugnis deiner selbst, Eigenwesen, Geschöpf deines Jahrhunderts!‹ Wenn man mich aber veranlaßt, vor dem Forum der Öffentlichkeit zum Film gewissermaßen theoretisch Stellung zu nehmen, so zögere ich nicht, zu bekennen, daß ich den Film für sehr berufen halte, ein Gradmesser unserer Kultur zu werden.

Wir glauben befugt zu sein, das Bild einer uns fernliegenden Weltepoche aus den Dokumenten zu rekonstruieren, die uns die Überlieferung in Architektur, in Kunsterzeugnissen, in Schriften bewahrt hat, wobei die subjektive Einstellung des Beschauers ausschlaggebend für dessen Wertung ist. Eine spätere Zeit wird es leichter haben, unser chaotisches Zeitalter, wenn es längst zu einer Formel erstarrt sein wird, studienhalber neu vor sich aufleben zu lassen. Sie öffnet eine Büchse mit kondensiertem Leben, indem sie einen Film vor sich abrollen läßt. Das ist ein Stück Geschichte von ehemals.

Ganz davon abgesehen, daß es keine Kunstform gibt, die imstande wäre, so umfassend ein Zeitbild zu geben, wie der Film es kann, ist in hohem Maße für eine Zeit charakteristisch, daß sie den Film zu einem begehrten Allgemeingut hat werden lassen, und ferner die Art der Filme, die sie bevorzugt. Es hieße, Vogel Strauß spielen, wenn man leugnen wollte, daß der Film in vieler Hinsicht das Theater abgelöst hat, aber damit ist die Frage nicht ganz gelöst.«

Mit Vehemenz wehrte er sich um die Jahreswende 1927/28 gegen oft vorgebrachte Vorwürfe, der Film komme der Sensationslust der Masse entgegen:

»Meine Herrschaften, was tut der Film da anderes, als was das vielgepriesene Volksmärchen, die verherrlichten Heldensagen aller Völker tun?

Wir haben uns durch die Jahrhunderte und durch Überlieferung daran gewöhnt, aber – bei näherer Beleuchtung –: welch ein Unmaß von Brutalität, von Roheit, von Verbrechen ist in den lieblichsten deutschen Märchen angehäuft! Wenn der mutigste Filmregisseur ein Hundertstel davon in seinen Filmen wagen wollte, er käme damit nicht einmal bis vor die Filmprüfstelle. Kleine Kinder werden von Wölfen verschluckt, Stiefmütter vergiften im Rückfall ihre Stieftöchter und müssen zur Strafe dafür in glühenden Schuhen tanzen, bis sie tot hinfallen. Oder sie köpfen einen lästigen Stiefsohn mit einem Truhendeckel. Oder sie schieben jungen Königinnen Katzen und Hunde anstelle ihrer Kinder unter, setzen besagte Kinder in Weidenkörbchen auf den nächsten Strom und ruhen nicht eher, als bis die unglücklichen Opfer ihrer Bosheit auf dem Scheiterhaufen stehen!

Was ist dagegen die tollste Sensation, das gräßlichste Verbrechen, das der Film zu zeigen wagt! Und warum hängen die Kinder wie die Kletten an den Märchen, warum die Erwachsenen in fast noch höherem Maße, wie es der beispiellose Erfolg der Diederichs'schen Ausgabe von den Märchen der Weltliteratur beweist? Weil in den Märchen das einfachste und sittlichste Gesetz der Menschheit zu seinem Recht kommt: die Guten werden belohnt, die Bösen bestraft. Die Guten werden rührender durch Leid, die Bösen hassenswerter durch den anfänglichen Erfolg, ihrer Bosheit: Summa summarum: das Rezept des befehdeten Sensationsfilms. Denn man zeige mir den Sensationsfilm, der es wagen würde, das Gesetz vom Schicksal des Bösen und des Guten auf den Kopf zu stellen! Die verfolgte Unschuld erntet ihren Lohn wie der durch Kraft und Klugheit des Helden erledigte Bösewicht. Man wird mir zugeben: im Leben kommt es zuweilen anders. Aber der Film gibt die Genugtuung des erfüllten Gesetzes ebenso einfältig wie es das Märchen tut, nur in der Form, die seiner Zeit entspricht.«

Reise zum Mond

Im nächsten Film war Lang der Zeit weit voraus. Ähnlich wie in *Metropolis*, zumindest was den Häuser- und Straßenbau, die kühnen Konstruktionen und die technische Entwicklung im Verkehrswesen (Autos, Flugzeuge usw.) betrifft.

Sein nächster Film befaßte sich mit dem Problem der Mondlandung. Wieder hatten Thea von Harbou und Fritz Lang ihrer Sekretärin Lotte Bertelsmann am häuslichen Dramaturgentisch ein Manuskript in die Maschine diktiert, das alle bisherigen utopischen Handlungsabläufe in punkto dichterischer Erkenntnis übertraf.

Um alle bisher gemachten Erkenntnisse und alles erforschte Wissen folgerichtig mit einzubauen, hatte Fritz Lang niemand anderen als den Raketen-Professor Hermann Oberth und dessen Assistenten, den später nach Amerika ausgewanderten jungen Willy Ley, als Berater hinzugezogen.

Ort der Tat war wieder Babelsberg. Denn weder die Jofa-Ateliers in Johannisthal, noch die ehemalige Zeppelinhalle in Staaken reichten aus. In der 123 Meter langen und 56 Meter breiten, 6000 Quadratmeter bebaubaren Raum umfassenden, großen Babelsberger Halle wurde die Mondlandschaft installiert.

Willy Fritsch, zusammen mit Gerda Maurus und dem als Bösewicht und Schurke typisierten Vollblutschauspieler Fritz Rasp aus dem *Spione*-Film übernommen, und neben Gustav von Wangenheim, Klaus Pohl und dem damals noch in Bayern die Schulbank drückenden, heute im Allgäu eine Pension unterhaltenden Gustl Stark-Gstettenbauer als Hauptdarsteller eingesetzt, entsann sich, wie es in den exakt drei Monate dauernden Aufnahmetagen (und -nächten) zuging:

»Schon während wir noch an den ›irdischen‹ Szenen drehten, begann in der ›großen Halle‹ der Aufbau der Mondlandschaft. Der ganze Hintergrund war mit einem gewaltigen Prospekt

Fritz Lang bei der Arbeit zu »Frau im Mond« (1929) mit seinem Kameramann Curt Courant

versehen, auf dem die Maler in nächtelanger Arbeit den Mondhorizont mit Hügeln und Sternenhimmel aufgemalt hatten. Auf der Atelierfläche wurden künstliche Erhebungen und Felsbrocken aufgetürmt, schließlich wurde die Modell-Rakete hereingefahren.

Und dann rollte eines Tages ein kompletter Güterzug von der Ostsee auf dem Gelände an:

30 Waggons mit nichts anderem beladen als mit weißem Ostseesand!

Für mich ist es heute noch erstaunlich, daß man schon damals, vierzig Jahre, ehe der erste Mensch dann tatsächlich den

Als dieses Szenenfoto von der »geglückten Mondlandung« aus Fritz Langs »Frau im Mond« 1929 gemacht wurde, war der Mann, der als erster in Wirklichkeit den Mond betreten sollte, noch nicht geboren: Neil Armstrong, geb. 5.8.1930, betrat erst fast genau 40 Jahre später, am 21 Juli 1969, den Staubboden des Mondes...
Im Foto von links: Gustl Stark-Gstettenbauer, Willy Fritsch und Gerda Maurus.

Arbeitsfoto aus »Frau im Mond« mit Fritz Rasp (rechts) und Fritz Lang hinter der Kamera

Mondboden betrat, ziemlich genau wußte, wie es dort oben aussah. Die Mondlandschaft des Films *Die Frau im Mond* war jener, die wir dann später im Fernsehen erblicken konnten, täuschend ähnlich!

Der Architekt Otto Hunte, der den künstlichen Mond in Neubabelsberg erbaute, hatte eine Heerschar von Arbeitern aufgeboten, um seine 30 Waggons voll Sand malerisch zu verteilen.

Aber schon bei der ersten Probeaufschüttung schrie der Kameramann Curt Courant verzweifelt aus:

»Das ist ja fürchterlich! Das sieht ja aus wie ein Wattenmeer!«

In der Tat!

Der schöne Ostseesand war grau, naß und schmutzig. Auf dem ersten Probestreifen kam er ausgesprochen mies heraus.

Szenenfoto aus Fritz Langs 1929 gedrehten Ufa-Film »Frau im Mond« mit (von links) Gustav von Wangenheim, Gerda Maurus, Gustl Stark-Gstettenbauer, Willy Fritsch und Klaus Pohl

Guter Rat war teuer!

Aber Filmleute sind erfinderisch.

»Wir werden den Sand eben einfach kochen!« wurde beschlossen.

Und so geschah es.

Draußen auf dem Freigelände vor der Riesenhalle wurde eine große Grube ausgehoben, darauf kamen Eisenplatten. Mit Kohle und Benzin wurde in der Grube nun ein Feuer entzündet, und dann wurde unser Ostseesand auf den Eisenplatten buchstäblich geröstet!

Stürmischer Mondflug... Szenenfoto aus »Frau im Mond« mit (von links) Gustav von Wangenheim, Gustl Stark-Gstettenbauer und Willy Fritsch

Ergebnis: Das Wasser dampfte heraus, und der Sand erhielt schließlich wahrhaftig die gewünschte mondhelle Farbe.

An der *Frau im Mond* haben wir rund drei Monate gearbeitet. Fritz Lang schuftete, als gelte es sein Leben.

Bei der UFA war es üblich, daß die Dreharbeiten um neun Uhr pünktlich beginnen mußten, koste es, was es wolle. Nicht eine Minute später.

Der Aufnahmeleiter mußte in seinem Tagesbericht präzise hineinschreiben, wann die erste Klappe gefallen war, und die hohen Herren in den Büros runzelten mißbilligend die Stirn, wenn

Zeit vergeudet wurde: Die Ära Klitzsch hatte begonnen, und man zog uns die Daumenschrauben an.

Weil nun aber Schauspieler durchaus zum Trödeln neigen und man niemals alle Mitwirkenden pünktlich um neun vor der Kamera haben konnte, verlegte Fritz Lang den Tagesbeginn noch um eine halbe Stunde früher.

Bei ihm begannen wir also schon um halb neun. Dafür durften wir dann abends länger bleiben!

Verliebt in seine Dekorationen und ebenso verliebt in seine Regie-Mätzchen, kostete der Meister jede Minute im Atelier aus. Die Aufnahmen dehnten sich bis in die tiefe Nacht aus. Entweder bis elf Uhr vierzig oder gar bis ein Uhr vierzig in der Nacht. Länger ging's nun wirklich nicht. Denn um zwei Uhr fuhr die letzte S-Bahn von Babelsberg in die Stadt.

Man kann sich ausmalen, wie geschlaucht wir nach so langen Drehtagen waren.

Zum Glück hatten wir tagsüber immer stundenlange Pausen.

Denn nach jeder Szene auf dem Mond mußten die Atelierarbeiter den ›Mondboden‹ aus Ostseesand wieder in den Urzustand zurückversetzen.

Fußspuren und Furchen des Kamerawagens durfte es schließlich nicht geben in jener jungfräulichen Landschaft, ›die noch nie eines Menschen Fuß betreten hatte.‹

Apropos Fußspuren.

Wie heute jedermann weiß, ist die Anziehungskraft auf dem Mond geringer als auf der Erde: Astronauten schweben also mehr, als daß sie gehen.

Natürlich wußte man das auch 1928/29 bereits. Fritz Lang löste das Problem auf eine bemerkenswerte Weise:

Wir bekamen Schuhe mit extradicken Korksohlen, die so aussehen sollten, als seien sie aus Blei.

Und in der Mondrakete waren überall Schlaufen angebracht, auch auf dem Fußboden. Mit Händen und Füßen mußten wir uns von Schlaufe zu Schlaufe weiterhangeln, damit wir nur ja nicht ›mit dem Kopf an die Decke stießen.‹

Plakat zu Fritz Langs letztem Stummfilm »Frau im Mond« (1929)

Übrigens sind auch die sonderbaren Schalkragen-Pullover, die Gustav von Wangenheim und ich in dem Film trugen, eine Spezialanfertigung nach Fritz Langs eigenen Ideen gewesen: Astronautenlook anno 1928!

Die Geschichte der *Frau im Mond* wurde, sieht man mal von der technischen Sensation ab, mit allerlei Kolportage-Elementen angereichert.

Da gibt es also zunächst mal einen ›verrückten‹ Professor namens Mansfeld, der stundenlang auf den Mond stiert und in einer alten, zerfledderten Kladde errechnet hat, wie man mittels einer Rakete dorthin kommen könne. Mansfeld glaubt, auf dem Mond die Reste alter versunkener Kulturen zu finden. Und vor allem natürlich Gold.

Diesen Professor Mansfeld spielte der Schauspieler Klaus Pohl, und Fritz Lang tat alles, um diesen armen Mann so abartig wie nur möglich aussehen zu lassen. Pohl hatte sich einen Vollbart stehen lassen, und Fritz Lang griff nun eigenhändig zur Schere, um diese schöne Manneszier zu verunstalten. Er schnitt hier ein Stückchen raus, dort ein Stückchen raus, färbte einzelne Haarsträhnen schwarz, andere weiß: Unser guter Klaus Pohl sah schließlich regelrecht verkommen aus.

Das war aber noch nicht alles.

Fritz Lang nahm sich die Hände seines Darstellers vor, hielt sie erst ins Wasser und färbte dann mit Kopierstift die Fingernägel. Pohl mußte sie auf Langs Befehl sehr sorgfältig schonen, sie durften auf gar keinen Fall abbrechen.

Er war schon ein armer Hund, der Mond-Professor.

Zurück zur Handlung. Die fünf reichsten Männer der Erde sind durch die Aussicht auf das Mondgold natürlich hellhörig geworden. Und als sie dahinter kommen, daß die Ingenieure Wolf Helius und Windegger (gespielt von meiner Wenigkeit und meinem Kollegen Gustav von Wangenheim) an einem Raumschiff bauen, setzen natürlich allerlei Intrigen ein, mit Diebstahl und Sabotage, die einen erheblichen Teil des ganzen Films ausmachen.

Als dann das Raumschiff eines Tages tatsächlich startet, befinden sich nicht nur der verrückte Professor und die beiden befreundeten Ingenieure Helius und Windegger an Bord, sondern auch noch ein gewisser Walt Turner (Fritz Rasp), eine miese

Type, die als Agent der neidischen Konkurrenz heimlich eingeschleust wurde.«

Jedenfalls setzten Willy Fritsch, Gustav von Wangenheim, Fritz Rasp, Klaus Pohl und Gustl Stark-Gstettenbauer rund vierzig Jahre vor dem amerikanischen Colonel Armstrong den Fuß auf den Mond. Und Gerda Maurus als einziges weibliches Wesen, im Film natürlich. Thea von Harbou, stets voller neuer Einfälle und immer zur gleichen Zeit mit hundert Ideen jonglierend, hatte sich einen Schluß ausgedacht, den Ingenieur Helius (gespielt von Willy Fritsch) und die Space-Studentin Friede (verkörpert von Gerda Maurus) auf dem Mond zurückzulassen. In einer sich mit den heutigen Raumschiffaufnahmen genau deckenden Kraterlandschaft.

Noch ein Beispiel für die verschlungenen Wege von Realität und Fiktion: In *Frau im Mond* erfand Lang den Countdown. Willy Ley erzählte es während seiner amerikanischen Tätigkeit später in den US-Raketenentwicklungs-Laboratorien seinen Raumfahrtsforscher-Kollegen, wie Lang zwischen 1928 und 1929 in den Babelsberger Studios argumentierte:

»Als ich das Abheben der Rakete, ein Modell ebenso wie der Miniatur-Hangar, drehte, sagte ich mir: Wenn ich eins, zwei, drei, vier, fünf, sechs, sieben, acht, neun, zehn oder bis fünfzig und hundert zähle, weiß das Kino-Publikum nicht, wann sie hochgeht. Wenn ich aber rückwärts zähle (count down), zehn, neun, acht, sieben, sechs, fünf, vier, drei, zwei, eins, null, versteht es sicher jeder...!«

Lang hatte recht: Seine Erkenntnis wurde dann von allen Wissenschaftlern auf diesem Planeten folgerichtig übernommen.

»M« – ein Film-Klassiker

Der Publikums-Bestseller *Frau im Mond* veranlaßte die Verleih-Chefs und durchweg nicht unwesentlichen Kreditgeber für alle zu drehenden Filme, nach einem neuen Lang-Film zu fragen. Der aber ließ sich Zeit, denn drei Dinge waren geschehen:

A) Erich Pommer war aus den Vereinigten Staaten nach Deutschland zurückgekehrt, residierte wieder als Produktions-Boß in der Viktoriastraße und hatte mit Joe Mays *Heimkehr* mit Dita Parlo (richtiger Name: Gerda Kornstedt), dem Schweden Lars Hansson und der Fritz Lang-Entdeckung aus *Metropolis*, Gustav Fröhlich, in der Drei-Personen-Handlung nach der Leonhardt Frank-Vorlage seinen erwarteten »Einstand« gegeben.

B) Der Film war inzwischen tönend geworden und zwang die gesamte Branche zu einer völligen Umstrukturierung. Ludwig Klitsch hatte als erster die neue Sachlage erfaßt und nach seinen in den USA gewonnenen Erfahrungen die Nutzanwendung daraus gezogen.

Das galt vor allem im Technischen. So ließ er in einer sensationell kurzen Bauzeit auf dem Gelände in Babelsberg direkt neben der »großen Halle« vier neue Tonfilmateliers hochziehen: am 1. Mai 1929 tat man den ersten Spatenstich. Dann wurde in Tag- und Nachtschichten (unter Filmscheinwerfern) gebaut, und bereits Ende Juni war der Rohbau fertig. Es war das berühmte »Tonkreuz«, so benannt, weil die vier Einzelhallen wie die Achsen eines Kreuzes zueinander angeordnet waren, während in einem zentralen Mittelbau die Tonaufzeichnungsanlagen für alle vier Ateliers untergebracht waren. Hier in diesem Babelsberger »Tonkreuz« sind in den dreißiger und vierziger Jahren unzählige große deutsche Spielfilme entstanden; nach dem Kriege hat die Ostberliner Defa das Gelände übernommen.

Mit dem Tonfilm war – wirtschaftlich gesehen – eine völlig neue Lage entstanden. Man schlug Lang vor, seinen *Frau im Mond*-Kassenreißer nachträglich mit Ton zu unterlegen; er lehnte ab und war zunächst – ähnlich wie Charles Chaplin und viele andere Weltstars und Kino-Pioniere der (fälschlichen) Meinung, daß das neue Medium den Stummfilm nicht verdrängen könne.

C) »Stimmte« es zwischen Fritz Lang und Thea von Harbou nicht mehr. Er war inzwischen in eine neue Wohnung in der Schorlemer Allee nach Berlin-Dahlem gezogen. Sie saß nach wie vor in der alten Gemeinschafts-Behausung am Hohenzollerndamm. Noch waren beide Freunde, die Ehe jedoch nur noch eine formelle Angelegenheit. Das störte indessen nicht die künstlerische Harmonie. Beide waren sich auch bald darüber klar und einig, daß nun auch die Drehbücher anders abgefaßt werden müßten, der Ton eine sehr wesentliche Rolle spielen und die Schauspieler auch zu einer neuen Darstellung zwingen würde. Dergestalt nämlich, daß nicht mehr – wie bisher – mit weit ausladender Gestik und verzerrter Mimik das Geschehen anschaulich gemacht werden müsse, sondern durch die Anwendung der Sprache jetzt das Unterspielen, das »understatement«, die sparsame Gebärde primär sei.

Thea von Harbou blieb auch unter den neu gegebenen Verhältnissen, inspiriert von ihrem Noch-Gatten, Ideenschöpferin, Autorin und (nun für Bild und Sprache) Dramaturgin dazu. Der Handlungsaufriß mußte nun gegliedert werden. Auf der linken Seite des Scripts das Bild, rechts der Ton.

Das sah dann im Script (dem Handlungsaufriß) etwa so aus: »Als das Mädchen Karin am frühen Morgen zum Brunnen auf den Marktplatz ging, sah es den Fremden zum ersten Male und sprach auch einige Worte mit ihm«.

Aus diesem Satz wurde nun das *Roh*drehbuch (Treatment): »Früher Morgen im Dorf. Es schlägt sechs Uhr. Die Hähne krähen. Karin verläßt den Geflügelhof. Dort hat sie eben Futter gestreut. Schneller Gang über die Straße, dann weiter über den Marktplatz, den Eimer in der Hand. Am Brunnen der Fremde. Erstaunte Blicke auf Karin. Sie nähert sich dem Brunnen. Auch Karin sieht den Fremden groß an. Er versucht eine leichte Verbeugung und sagt schlicht: ›Guten Morgen, Karin!‹ Karin erstaunt: ›Sie kennen mich?‹ Der Fremde lächelt ein wenig.«

Aus diesem Treatment entwickelte sich dann die endgültige Drehbuchfassung. Und die sah dann, in Bild und Ton unterteilt, so aus:

Erstes Bild
Marktplatz mit Brunnen, frühmorgens.
Tag. Außen.

Bild	*Ton*
Aufblenden!	Die Musik des Vorspanns verklingt in einer schlichten volksliedhaften Melodie. *Unterlegt:* Geschrei der Hähne. Sechs Glockenschläge.
Einstellung Nr. 1 Von den weißen Wolken des hohen Sommerhimmels schwenkt die Kamera auf den Hahn an der Turmspitze der kleinen Dorfkirche, dann tiefer bis zur Uhr.	
2. Auf die kleine Luke im Kirchturm. Beim ersten Glockenschlag fliegen die Tauben auf.	Glockenschlag.
3. Im Geflügelhof bei Karin. Sie streut den Hühnern Futter hin. Karin zählt die Schläge der Uhr. Karin:	Tierstimmen. Glockenschläge bis sechs. »Schon sechs!« Großes Gegacker.
Eilig wirft sie das letzte Futter unter die Tiere und ergreift	Tierstimmen.

den in der Ecke stehenden Eimer. Die Hühner wirbeln
durcheinander.

4.
Auf dem Marktplatz am Brun- Rauschen des Flügelschlages.
nen. Die Tauben picken auf
der Erde. Der Fremde sieht
ihnen zu. Plötzlich fliegen die
Tauben auf.

5.
Groß:
Der Fremde hebt den Kopf,
um die Ursache der Störung
zu ergründen. Man merkt ihm
eine gewisse Spannung an.

6.
Auf dem Marktplatz. Karin Musik.
kommt mit dem Eimer in der
Hand.

7.
Halbnah:
Der Fremde, der Karin entge- Noch Musik.
genblickt. Sie tritt in das Bild.

8.
Groß:
Die beiden jungen Menschen »Guten Morgen, Karin!«
sehen sich an. »Sie kennen mich?«
Der Fremde: Musik.
Karin:
Der Fremde lächelt.

Thea von Harbou hatte den Dreh mit dem neuen Drehbuch
schnell erfaßt. Noch fehlte jedoch das neue Thema. Ihr konge-
nialer Partner wußte es. Ihm war klar, daß sein nächster Film wie-

der ein zeitnaher Film sein müßte und würde. Wie zehn Jahre vorher der zweiteilige *Mabuse*.

Es war die Zeit der Massenmorde, die der ruchlosen Taten der Haarmann, Denke, Grossmann und Schumann. Lang schwebte jedoch etwas anderes vor: Mord an Kindern filmisch zu gestalten. Aber nicht aus Effekthascherei und reiner Sensationsgier, sondern mit einer lobenswerten Tendenz. Er erläuterte seinen Standpunkt auch:

»...Nimmt man sich die Mühe, über einen großen Mordfall der letzten Jahre, wie z.B. den grauenhaften Doppelmord an den Geschwistern Fehse in Breslau, oder den Fall Husmann, oder den Fall der kleinen Hilde Zäpernick, drei noch heute unaufgeklärte Kriminalfälle, nachträglich die Berichte der Zeitungen genau durchzulesen, so wird man in den meisten Fällen eine sonderbare Übereinstimmung der Geschehnisse finden, eine fast gesetzmäßig sich wiederholende Erscheinung der Begleitumstände, wie die entsetzliche Angstpsychose der Bevölkerung, die Selbstbezichtigung geistig Minderwertiger, Denunziationen, in denen sich der Haß und die ganze Eifersucht, die sich im jahrelangen Nebeneinanderleben aufgespeichert hat, zu entladen scheinen, Versuche zur Irreführung der Kriminalpolizei teils aus böswilligen Motiven, teils aus Übereifer.

Alle diese Dinge, im Film klargelegt, aus den nebensächlichen Ereignissen herausgeschält, schienen mir den Film, den Film der Tatsachenberichte, vor eine Aufgabe zu stellen, die ihn über die Aufgabe der künstlerischen Reproduktion von Geschehnissen hinauswachsen läßt: zu der Aufgabe, an wirklichen Geschehnissen eine Warnung, eine Aufklärung zu geben, und dadurch schließlich vorbeugend zu wirken wie die Art, mit der ein unbekannter Mörder durch ein paar Süßigkeiten, einen Apfel, ein Spielzeug, jedem Kind auf der Straße, jedem Kind, das sich außerhalb des Schutzes von Familie oder Behörde befindet, zum Verhängnis werden kann«.

Das Grundthema stand also fest. Die Tendenz: Man müsse und solle auf die Kleinen achten, besser auf sie aufpassen. Lang hatte auch eine Idee, das Thema auszuweiten. Ihm schwebte ein Motiv vor, das er nach dem Studium verschiedener Zeitungen vorgefunden hatte, die Idee nämlich, daß die Verbrecherwelt, Berlins Unterwelt, sich auf eigene Faust auf die Suche nach dem unbekannten Mörder begibt, um dadurch die gesteigerte Tätigkeit der Polizei loszuwerden; sie entstammte dem Tatsachenbericht einer Zeitung und mutete Lang als Motiv stofflich und filmisch so stark an, daß er ständig in der Angst schwebte, ein anderer könnte ihm die Auswertung dieser Idee vorwegnehmen.

Lang weiter: »Kann dieser Film der Tatsachenberichte dazu beitragen, wie eine mahnend und warnend erhobene Hand auf die unbekannte lauernde Gefahr hinzuweisen, auf die chronische Gefahr, die im ständigen Vorhandensein krankhaft oder kriminell belasteter Menschen als gewissermaßen latenter Brandherd unser Dasein – besonders aber das Dasein der Hilflosesten unter uns, der Kinder – bedroht, und kann der Film ferner dazu beitragen, vielleicht doch dieser Gefahr vorzubeugen, so hat er damit seine beste Aufgabe erfüllt und aus der Quintessenz der in ihm zusammengetragenen Tatsachen die logische Folgerung gezogen.«

Mit diesem Konzept ging es an die 485 Einstellungen des Drehbuchs. Lang hatte vorher wichtige Milieustudien bei Berlins bekanntem Mordkommissar Genant gemacht, hatte tagelang Aktenstudien im Polizeipräsidium am Alexanderplatz betrieben, sich mit Berlins tüchtigsten Rechtswahrern wie Prof. Dr. Dr. Erich Frey und dessen Strafverteidiger-Kollegen Max Alsberg zusammengesetzt und sich deren Gerichtserfahrungen zunutze gemacht. Man war sich in Expertenkreisen darüber klar, daß bei einer gründlichen Vorbereitung ein Film-Werk entstehen und herauskommen müsse, in dem *alles* stimme, vorn wie hinten...

Zur Überraschung vernahm man in Berlins Filmkreisen, daß nicht Lang selbst – wie in *Spione* und *Frau im Mond* – als Produzent verantwortlich sein würde, sondern ein Mann namens Seymour Nebenzahl.

Der hatte sich mit Richard Oswald (richtiger Name: Richard Orenstein) liiert. Beide hatten die NERO-Produktionsgesellschaft gegründet. Der Firmenname basierte auf den beiden Anfangsbuchstaben ihrer Familiennamen. Oswald hatte unter diesem Signum seine Regie-Ambitionen vorübergehend zurückgestellt und zusammen mit Nebenzahl dem jungen G.W. Pabst eine Chance gegeben, sich auch im Tonfilm einen Namen zu machen. Der hatte sie genutzt und mit Brecht's Vorlage zur *Dreigroschenoper* und Vajdas *Kameradschaft* gezeigt, daß er nach seinem vorherigen Stummerfolg *Die freudlose Gasse* (mit Greta Garbo) auch »im Ton« gut beim Kino-Publikum ankommen würde.

Seymour Nebenzahls Angebot an Lang war verlockend. Es gab nur ein Handicap: ein geeignetes Atelier müßte gefunden werden. Lang wollte wieder in die alte Zeppelinhalle nach Staaken hinaus. Dort zeigte man ihm jedoch die kalte Schulter. Auch in Johannisthal, in Babelsberg und deren Dependance in Tempelhof, in Weissensee seien keine Studios frei. So sagt man's Nebenzahl und Lang. Das war jedoch nicht der eigentliche Grund.

Durch Zufall erfuhr er schließlich doch, warum zum Beispiel der Staakener Hallen-Verwalter bisher strikt »Nein« gesagt hatte: Er wollte nicht, daß ein Film über Adolf Hitler gedreht werden sollte.

»Das *was*...?«, forschte der Regisseur. »Wir wollen nicht, daß ein Film über den Führer der NSDAP oder gegen ihn, ganz wie Sie wollen, produziert wird...«, echote der Angesprochene.

»Wie kommen Sie denn darauf?«, drang Lang in den Mann ein. Er hatte zwar durch eine Bewegung einen Blick unter dessen Anzug-Revers werfen können und darunter ein Hakenkreuz-Abzeichen entdeckt, konnte sich aber dennoch immer noch keinen Vers auf die Absage machen.

»Aber was hat denn mein Film mit Hitler zu tun?«, wollte er schließlich definitiv wissen. Nach einigem Zögern kam die Antwort: »Ihr Film soll doch *Mörder unter uns* heißen...!«

Pause - - -

Sensationell: Peter Lorre als von Polizei und Unterwelt gejagter Kindermörder in Fritz Langs aufsehenerregendem ersten Tonfilm »M«

Lang begriff immer noch nicht. Dann – endlich – verstand er. »Es handelt sich um einen Film über einen Kindermörder und hat nichts mit Hitler zu tun...!« (Erst viel später, nachdem die Braunhemden stärkste Partei im Reichstag geworden und mit ihren brachialen Gesetzesbruch-Methoden ihr wahres Gesicht gezeigt hatten, wurde ihm der Doppelsinn klar.)

Nun aber gab es kein Hindernis mehr. Schnell wurde der Vertrag geschlossen und die Staakener Halle für die Aufnahmen freigegeben.

Der Film bekam einen neuen Titel: »*M*«.

Dieser Film zählte (und zählt auch heute noch) zu den zehn besten Klassikern aller Zeiten.

Lang hatte natürlich versucht, sich mit dem neuen Medium, dem Ton, auseinanderzusetzen und dabei ganz neue, bisher unbekannte Gesetze zugrunde zu legen.

Er argumentierte so, und dieser Gedankengang gab ihm auch recht:

»Ich fand zum Beispiel, daß ich, wenn ich allein in einem Straßencafé sitze, natürlich das Geräusch der Straße höre, daß aber im Augenblick, wo ich mich mit einem Gesprächspartner in ein interessantes Gespräch vertiefe oder eine Zeitung lese, die mein Interesse völlig in Anspruch nimmt, mein Gehirn, oder wenn Sie wollen, meine Gehörorgane dieses Geräusch nicht mehr registrieren. Ergo: die Berechtigung, eine solche Konversation filmisch darzustellen, ohne besagtes Straßengeräusch dem Dialog zu unterlegen.

Damals kam ich zu der Erkenntnis, daß man Ton als dramaturgisches Element nicht nur verwenden kann, sondern dies unbedingt tun sollte. In »*M*« zum Beispiel, wenn die Stille von Straßen (das gewöhnliche Straßengeräusch ließ ich absichtlich weg) plötzlich durch schrille Polizeipfiffe zerrissen wurde, oder das unmelodische, immer wiederkehrende Pfeifen des Kindermörders der Griegschen »Peer Gynt«-Melodie in der Halle des Bergkönigs, das seinen Triebgefühlen wortlos Ausdruck gab. Ich glaube auch, daß ich in »*M*« zum erstenmal den Ton, respektive einen Dialog-Satz vom Schluß einer Szene auf den Anfang der

Unheimliche Begegnung: Inge Landgut und der Schatten von Peter Lorre in Fritz Langs »M«

10000 Mk.

Belohnung!

Wer ist der Mörder?

Seit Montag, dem 11. Juni ds. Js., werden vermißt:

Der Schüler Kurt Klawitzky und dessen Schwester Klara, wohnhaft gewesen Müllerstr. 17...

Aus verschiedenen ... schließen, daß die Kinder eine...
ähnlichen ...
Jahres...

M
dein mörder
sieht dich
an

Mit Spielzeug lockt er seine Opfer: Peter Lorre als Kindermörder in Fritz Langs 1931 gedrehtem ersten Tonfilm »M«

nächsten, überlappen ließ, was nicht nur das Tempo des Films beschleunigte, sondern auch die dramaturgisch notwendige Gedanken-Assoziation zweier aufeinanderfolgender Szenen verstärkte.

Zum erstenmal wurde auch der Dialog zweier kontrapunktischer Szenen (die Besprechung der Ringvereinsmitglieder zwecks Auffindung des Kindermörders und der zu gleicher Zeit nur zu gleichem Zweck im Polizeipräsidium versammelten Kriminalbeamten) so gehandhabt, daß der Gesamtdialog gewissermaßen ein Ganzes bildete. Das hieß, wenn zum Beispiel einer der Verbrecher einen Satz begann, daß ihn dann einer der Kriminalbeamten sinngemäß zu Ende sprach. Und umgekehrt: Beide Methoden wurden später allgemein verwendet. Im Drehbuch sah das so aus:

160.
(Leicht von oben. Über den Einbrecher auf die Ganovenkonferenz.)
Falschspieler: Das ist alles nischt!
Bauernfänger: Na, aber was dann?

Gustaf Gründgens als Unterwelt-Boß in Fritz Langs aufsehenerregendem internationalen Erfolgsfilm »M«.

(Der Einbrecher steht auf, tritt hinter seinen Stuhl und beugt sich über die Lehne)
Einbrecher: Soll'n wir vielleicht warten, bis die Polizei den Kerl erwischt hat?

161.
(Konferenz beim Polizeipräsidenten. Ein Kriminalbeamter, ein Gelehrtenkopf, beugt sich über die Lehne seines Stuhles dem Präsidenten zu, er setzt die Bewegung des Einbrechers aus der vorigen Einstellung fort. Am linken Bildrand Offizier mit Monokel.)
Kriminalbeamter: Die Schwierigkeit bei der Aufklärung gerade derartiger Verbrechen sind erfahrungsgemäß geradezu ungeheuerlich, weil Opfer und Täter vielfach nur durch das Moment des Zufalls zusammengeführt worden sind. Die Instinkte des Augenblicks bestimmen den Mörder.
Polizeipräsident (beeindruckt): Hm.
Kriminalbeamter: Man findet das Opfer, man stellt die Personalien fest; man kriegt heraus, wann es zum letztenmal gesehen worden ist. Und dann ... dann kommt das große Fragezeichen. Die Kinder verschwinden spurlos ...

162.
(Die Ganovenkonferenz. Die Runde ist vollzählig im Bild. Der Falschspieler, im Halbprofil, steht hinter seinem Stuhl.)
Falschspieler: Jetzt sind es glücklich acht Monate, daß die Polizei den Mörder sucht. Jetzt kriegen se'n nur noch durch'n Zufall.
(Der Einbrecher geht einige Schritte in den Hintergrund.)
Einbrecher: Darauf können wir nicht warten.
Bauernfänger: Nee, bis dahin sind wir pleite.
Falschspieler: Aber was dann?

163.
(Der Konferenztisch beim Polizeipräsidenten aus größerer Distanz, diagonal im Bild. Dicker Qualm hängt im Raum. Die Beratung ist auf dem toten Punkt angelangt. Einige Teilnehmer sind aufgestanden. Einer nähert sich, in Gedanken versunken, aus dem Hintergrund der Kamera.)

164.
(Von oben. Der runde Tisch der Ganoven. Nur mühsam dringt der Schein der Lampe durch einen dichten Rauchschleier. Der Taschendieb hat aus Nüssen ein Fragezeichen mit dickem Punkt geformt. Falschspieler und Einbrecher wandern ruhelos um den Tisch.)

165.
(Leicht von oben. Der Konferenztisch beim Polizeipräsidenten. Mehrere Herren haben ihre Plätze verlassen und stehen meditierend im Hintergrund, während ein Beamter seinen Gang um den Tisch fortsetzt.)

166.
(Das Zimmer der Ganoven. Am Tisch sitzen nur noch Schränker und Taschendieb. Neben diesem steht Bauernfänger. Im Hintergrund, vor dem Fenster, der Falschspieler. Der Einbrecher ist nicht im Bild. Nach einer Pause nimmt der Schränker den Faden des Gesprächs wieder auf.)
Schränker: Wir müssen ihn fangen. Wir selber!
(Unter dem Eindruck seiner Worte versammeln sich die Ganoven wieder um ihren Chef. Auch der Einbrecher kommt von rechts ins Bild.)
Schränker (entschlossen): Tja! Das müssen wir!

167.
(Der Konferenztisch beim Polizeipräsidenten. Die meisten Plätze sind leer. Einige Herren spazieren um den

Tisch. Man hört Lohmann reden. Allmählich werden die Anwesenden aufmerksam und treten näher heran.)
Stimme Lohmann: Es gäbe vielleicht noch einen Weg. Über die als Täter in Betracht kommende Person ist zweifellos irgendwo bereits Material vorhanden. Er ist doch sicher als ein schwer pathologischer Mensch schon einmal mit den Behörden im allgemeinen in Berührung gekommen. Darum müssen alle Fürsorgeanstalten, Gefängnisse, Nervenkliniken und Irrenanstalten zu schärfster Mitarbeit angeregt werden.
Zuruf: Sehr richtig!
Stimme Lohmann: Speziell über die Leute müssen wir Auskunft bekommen, die als ... harmlos entlassen wurden, die ihrer ganzen Veranlagung nach aber mit dem Mörder identisch sein könnten.

168.
(Von oben. Die Ganoven beugen sich über einen Stadtplan von Berlin. Der Schränker fährt mit der Hand über die Karte.)
Schränker: Wir müssen die Stadt mit einem Netz von Spitzeln überziehen.

Lang weiter:
»Wenn andererseits der blinde Straßenhändler die fehlerhafte Melodie einer Drehorgel hörte, sich die Ohren zuhielt, um sie nicht mehr zu hören und plötzlich der Ton der Drehorgel wegblieb, obwohl der Zuschauer sie eigentlich hören müßte, dann war das ein Versuch, der sicher seine Berechtigung hatte. Was aber nicht besagte, daß so ein Versuch eine Regel aufstellte. Ich glaube überhaupt nicht, daß Film an irgendwelche Regeln gebunden ist. Er ist immer neu, und ein Prinzip, das in einer Szenenfolge richtig ist, kann bereits in der nächsten völlig falsch sein.«

Neu und die große Entdeckung in »*M*« war der damals 26 Jahre alte (1964 mit 60 Jahren im kalifornischen Beverly Hills ver-

Gedenkplatte für Peter Lorre auf dem Hollywood Boulevard in der kalifornischen Filmmetropole, – eine Ehrung, die nur wirklich bedeutenden Schauspielern zuteil wird

storbene) Peter Lorre. Es gehörte ja zu Langs Prinzipien, für jeden seiner Filme neue Gesichter zu entdecken. Wie der 1904 als Sohn einer seriösen Kaufmannsfamilie in Ungarn geborene Jungdarsteller den gehetzten Lustmörder Becker in dem Lang-Thriller kreierte, machte Zelluloid-Geschichte.

Er war kein schöner Mann, was damals an sich viel mehr als heute zum Filmerfolg gehörte. Eher das Gegenteil. Er war ein Schauspieler, der sich mit durchdringender Intelligenz in die Rolle des Psychopathen und Triebtäters hineinversetzte. Unwiderstehlich in seiner Wirkung. Wie auch später in seinen anderen Filmen. Zuerst in Berlin, dann über den Umweg London später auch in Hollywood.

Auf jeden Fall war Peter bei diesem seinem Film-Debut »da«. Theaterluft hatte er in Wien geschnuppert. Über Breslau und Zürich kam er in die Spree-Metropole. In Ernst Josef Aufrichts Schiffbauerdamm-Theater sah Brecht den jungen Lorre in einer Episodenrolle der *Dreigroschenoper* und war begeistert. »Sie kommen für kleine Rollen nicht mehr in Frage...«, prophezeite er Lorre und versprach ihm für die nächste Aufführung einen Hauptpart. Das war dann – 1928 – ein junger Mann in Marie-Luise Fleissers *Pioniere in Ingolstadt,* von Brecht als Aushilfsregisseur ins rechte, besser »linke« Bühnenbild gesetzt. Lorre machte als Dorftrottel mit Pubertätserscheinungen auch auf die strengsten Kritiker einen solchen Eindruck, daß ihm Hausherr Aufricht einen Dreijahresvertrag gab. Die Ullsteinsche MORGENPOST war von dem jungen Darsteller so angetan, daß sie gleich zwei Feuilleton-Redakteure in den Theaterbau vis à vis vom Bahnhof Friedrichstraße schickte. Sie waren hingerissen und schrieben enthusiastische Kunstbetrachtungen.

Trotz 2000 Mark Vorschuß von Aufricht war Lorre in Geldnöten und schloß auch noch mit der VOLKSBÜHNE am Bülowplatz einen Vertrag. Das sah dann nach glaubhafter Überlieferung so aus:

Am Schiffbauerdamm spielte der plötzlich Vielbegehrte einen Soldaten in Elisabeth Hauptmanns *Happy-End*. Damit Lorre auch den General St. Just in Büchners *Dantons Tod* am Bülowplatz mimen konnte, ließ Brecht den *Happy-End*-Soldaten textwidrig im ersten Aufzug erschießen. Der Mann mit den vorstehenden Augen und der etwas brüchigen Stimme fuhr dann als sprichwörtlich nackter Mann in der Taxe durchs abendlich-nächtliche Berlin. Umkleidung und »Beförderung zum General« fand in diesem Gefährt statt.

Als Lang den Jung-Darsteller 1929 in Wedekinds *Frühlingserwachen* auf der Bühne sah, stand für ihn fest: Dieser Mann spielt in meinem nächsten Film. Von dieser Branche hatte der so Gelobte damals noch keine Ahnung. Ehe Lang seinen Plan realisieren konnte, vergingen ja auch noch viele Monate. Und als das

Das Plakat zur Weltpremiere von »M«, die am 11. Mai 1931 stattfand

Drehbuch zu *M* schließlich stand und mit den Aufnahmen in Staaken begonnen werden konnte, war Lorre in Zeitnot und Terminschwierigkeiten geraten. Er sollte in Brechts *Mann ist Mann* in Leopold Jeßners Staatstheater am Gendarmenmarkt spielen. Das lag ihm auch näher, er hatte ja noch keine Erfahrung darin, wie man sich vor der Kamera zu bewegen habe, wo man nicht – wie auf den Theaterbrettern gewohnt – chronologisch durchspielen konnte, sondern nach dem Flash back-Verfahren etwa das Finale eines Films zuerst und umgekehrt der Beginn ganz zum Schluß aufgenommen würde, je nach dem Stand der Dekorationen.

Aber schließlich kam es doch zu einer Terminabsprache. Wenn auch erst mit Hilfe Einstweiliger Verfügungen (Brechts Stück wurde ein Durchfall und bald abgesetzt), und Fritz Lang führte den Studio-Novizen Peter Lorre durch alle Szenen so großartig, so genial, daß ihm dessen Film-Weltruhm gewiß war. Lorre hat das seinem Entdecker später auch in beider Zwangs-Wahlheimat Amerika, nicht weit voneinander entfernt in Beverly Hills wohnhaft, auch immer wieder bescheinigt und sich dafür bedankt.

Alle Kritiken überschlugen sich, als der Film am 11. Mai 1931 in Berlin uraufgeführt wurde und seine Reise um die Welt antrat. Hier nur eine, veröffentlicht in der stets höchste Ansprüche stellende Fachzeitschrift FILMWELT: »Dieser Mörder, getrieben von einer inneren krankhaften Sucht, wirkt tatsächlich so unsympathisch, manchmal sogar unmenschlich, wie man ihn sich wohl vorstellen möchte. Daneben stehen ausgezeichnete Schauspieler wie Ernst Stahl-Nachbaur, Gustaf Gründgens, Otto Wernicke, Theodor Loos und Georg John. Die Berliner Uraufführung war ein ganz großer Abend, der mit einer begeisterten Ovation für das Werk und seinen Schöpfer endete. Fritz Lang dankte, umgeben von Thea von Harbou, von seinen Photographen, Architekten, Tonmeistern und Schauspielern, seiner großen Berliner Gemeinde, der dieses Werk Diskussionsstoff für lange Zeit geben wird.«

Auch die Cinéasten von Paris standen – wie's so schön heißt – Kopf, als *M* in der französischen Hauptstadt uraufgeführt und anschließend in den Provinz-Theatern ebenso stürmisch beklatscht wurde. Lang, Lorre und Nebenzahl mußten sich immer wieder auf der Bühne verbeugen. Und Lorre gestand den Zeitungsmännern, daß nicht er das Grieg-Motiv, das sich ja durch die ganze Handlung zieht, gepfiffen habe, sondern Lang selbst.

»*La Revue du Cinéma*« bescheinigte dem Regisseur auch noch viele Jahre später, daß er einer der ganz großen Szenengestalter seiner Zeit gewesen sei. In einem mehrseitigen Aufsatz hieß es da unter anderem:

»Der *M*-Film bedeutet einen neuen Abschnitt im Werk Langs, unabhängig von der Tatsache, daß es sein erster Tonfilm ist. Nirgendwo ist sein stilistisches Vorgehen deutlicher sichtbar als in dieser Leistung. Nach dem Phantastischen einer Zukunftsstadt handelt es sich hier um eine phantastische Welt, an der sich die alte Meisterschaft Fritz Langs bewährt. So zum Beispiel bei dem Raketenflug und bei dem Stimmungshaften der Mondlandschaft. Die *Spione*, eine Variation zum Thema des ersten *Dr. Mabuse*, sind schon eine Art von Vorspiel zum phantastischen Realismus von *M*. Dieser Film ist eine Mischung, in der die Lokalnotizen über den Vampyr Kürten von Düsseldorf wie eine Dreigroschenoper, die sich dem Tragischen zuwendet, behandelt werden. Die Geistesverwirrung des Lustmörders, die furchtbare Herrschaft dieses geheimnisvollen Unholds über ein ganzes Viertel von armen Kleinbürgern stehen neben der konkreten Nüchternheit eines Polizeibüros und heben sich, ebenso wie die märchenhafte Geschichte vom Gerichtshof der Diebe, aus den kleinen Vorfällen des Alltags heraus. Die oft ungewohnte Beleuchtung und die oft unerwarteten Einstellungen, in denen sich die alltägliche Wirklichkeit der Umwelt plötzlich oder unmerklich verwandelt, heben diese Gegensätze stark hervor – und zwar mit solchem Geschick, daß die im Alltagsleben verwurzelten Menschen, wie etwa ein Polizeikommissar, in dieser Zwischenwelt auf dem Mittelweg zwischen dem Wirklichen und dem Unwirklichen dennoch niemals unwahrscheinlich erscheinen.

Um die Entwicklung im Stil Franz Langs zu erkennen, genügt ein Vergleich der Gerichtssitzung in *M* mit jener Szene aus

Metropolis, in der Maria den Anbruch besserer Zeiten verkündet. In *Metropolis* sehen wir eine anonyme Masse, deren Emotionen trotz einiger übrigens rein dekorativer Nuancen in der Haltung durchaus kollektiv dargestellt werden, in *M* dagegen hat jedes Gesicht seinen eigenen Ausdruck, wird jede Persönlichkeit innerhalb der Gerichtssitzung durch verschiedene Reaktionen gekennzeichnet. Die Masse ist nicht mehr anonym und neutral; sie hat sich sowohl im physischen als auch im psychologischen Bereich von jener ihr vom Expressionismus aufgezwungenen konventionellen Form gelöst.

Die Erfahrungen aus dem Expressionismus sind jedoch offenbar für Lang nicht nutzlos gewesen. Die Gewohnheit, seine Darsteller wie Figuren auf einem weiträumigen Schachbrett zu bewegen, verlieh ihm seine außergewöhnliche Gewandtheit in der Beherrschung des Raumes und in der harmonischen Ausnutzung des Gesichtsfeldes; er befreite sich jedoch von jenem Zwang, dem er durch eine systematische Stilisierung unterworfen war. Die von oben aufgenommene Einstellung der auf der Straße spielenden Kinder hat sich ohne künstlerisches Suchen aus der Szene selbst ergeben. Oder ein anderes Bild: Die Kamera sieht von oben her die weite Asphaltfläche einer fast verlassenen Straße; zwei winzige Menschen am Ende dieser Straße versperren dem Mörder den Weg. Dieser Aufbau des Bildes scheint sich durch Zufall ergeben zu haben, doch er steht in Wirklichkeit in genauester Übereinstimmung mit der Handlung. Der persönliche künstlerische Ausdruck fällt hier völlig mit der natürlichen Entwicklung der Handlung zusammen. Die Synthese hat eine vollkommene Verwirklichung gefunden.

Dieselbe Perfektion zeigt sich in der strengen Logik des Schnittes und der Montage, die Fritz Lang, wenigstens in Europa, immer selbst gemacht hat, wobei er sich für viele Tage verschanzte und so tief in seine Arbeit versunken war, daß ihn niemand zu stören wagte.

In der Szenenfolge aller seiner Filme, vom *Müden Tod* bis zu *The woman in the window* und *Scarlett Street* kann nichts den unerbittlichen Lauf des Schicksals aufhalten oder auch nur verzögern. Jede Szene oder Einstellung, die Zeitdauer ihres Ablaufes, der Rhythmus und die Pausen in der Folge der Ereignisse, das Gewicht eines Wortes und eines Satzes – alles hat in dieser strengen Verkettung der Ereignisse seine eigene Funktion und alles ist hier von Bedeutung. Alle visuellen und akustischen Eindrücke führen die Handlung auf einem Wege, über dem die unerbittliche »ananké« (schicksalhafter Zwang) der griechischen Tragödie liegt. Jedes Detail bringt die Katastrophe näher. Selbst wenn eine Szene die Aufmerksamkeit von der Handlung abzulenken oder für deren Ablauf nicht wichtig zu sein scheint, stellt sie sich am Ende als unentbehrlich heraus.

Zur Darstellung des tragischen Ausgangs bedient sich Lang nicht mehr einer Personifizierung des Todes wie im *Müden Tod*. Das Schicksal erfüllt sich jetzt auf einer anderen Ebene.

So wird das Ausbleiben des kleinen Mädchens zuerst von der Sicht auf die Standuhr und dann von der langdauernden Einstellung auf den leeren Teller und den leeren Stuhl angekündet, und schließlich erfaßt die Kamera von oben her den Treppenschacht, der so steil und düster erscheint, daß ein Gefühl der Leere fast unerträglich wirkt. In drei Phasen wird das Gefühl des Zuschauers gepackt: bei der ersten Einstellung kann er noch hoffen, bei der zweiten bleibt kaum noch eine Hoffnung; beim dritten Bild erhält er die Gewißheit, daß das Unglück geschehen ist.

Man könnte diesem Beispiel der Bilder, welche die unglückselige Handlung vorantreiben, noch andere Beispiele hinzufügen; und sei es nur der Ball des kleinen Mädchens, der auf furchtbare Weise nutzlos geworden ist und als einziges Anzeichen des Mordes wie angetriebenes Strandgut hinrollt oder die Luftballon-Puppe, die am Telefondraht hängen geblieben ist – das sind Bildkommentare, die beredsamer als jeder Schrei erscheinen.

Doch Lang hatte auch schon die Fähigkeit erworben, mit erstaunlichem Fingerspitzengefühl das neue Mittel des Tons zu verwerten. Zwar kann die fast theatralische Verve des Dialogs in der Szene des seltsamen Tribunals, das den Vampyr verurteilen will, noch nicht verhindern, daß hier in erster Linie das Bild spricht. Aber der Ton dient auch schon rein filmischen Wirkungen: das Lied »Der Plumpsack geht rum«, das im Munde der unschuldigen Kinder wie eine Ankündigung des Unheils wirkt, klingt in hellen und dünnen Tönen durch die ärmlichen Höfe und trägt zur Vorbereitung der nahenden Tragödie bei. Einige abgehackte Takte von Grieg werden das düstere Leitmotiv, mit dem sich der Verbrecher ankündigt. Lang hat als Vorläufer schon den ganzen Reichtum der Möglichkeiten des Tons benutzt, und der Ton hat selten wieder so expressive Wirkungen erreicht wie in jener tastenden Epoche zu Beginn des Tonfilms. Wenn zum Beispiel der Mörder sich die Ohren zuhält, um sein eigenes, ihm unerträgliches Pfeifen nicht mehr zu hören, dann läßt Lang dies Pfeifen im gleichen Augenblick auch für die Zuschauer leiser werden. Dieser Effekt ist inzwischen klassisch geworden. Das Röcheln der Angst, die Atemzüge des Gehetzten in der Stille des Dachbodens, die trockenen und sich wiederholenden Schläge, mit denen der Mörder den Nagel zurechthämmern will, um das Schloß der Tür aufzubrechen, die ihn nicht mehr schützen kann – wodurch er sich gerade verrät – dies alles sind glückliche Einfälle, die in späteren Filmen nicht mehr die gleiche Kraft haben.«

Mabuse und seine Folgen

M hatte übrigens auch ein unerfreuliches Nachspiel. Nach der Emigration verkaufte Nebenzahl, ohne Lang zu informieren, die Rechte zu diesem Filmklassiker an die SUPERIOR PICTURES-COLUMBIA. Norman Reilly Raine, Leo Katscher und Waldo Salt schrieben nach der Lang/Harbouschen Vorlage eine neues Screenplay, ein neues Drehbuch also, in Szene gesetzt von Joseph Losey. Es wurde, mit Luther Adler und David Wayne in den Hauptrollen, ein fürchterlicher Reinfall und schlimmer noch als ein herkömmlicher Flop. Das verkorkste Remake spielte nicht einmal die Herstellungskosten ein und mußte bald aus dem Verleih gezogen werden.

Das wußte man aber noch nicht, als Nebenzahls NERO-Firma nach *M*s großem Publikums- und Kassenerfolg zugleich den Meisterregisseur animierte, ein weiteres ähnliches Zeit-Stück zu drehen.

Lang hatte jedoch ganz andere Pläne. Ihm schwebte die Realisierung eines Stoffes vor, der ihm als gebürtigem Österreicher (obzwar inzwischen deutscher Staatsbürger) sozusagen am Herzen lag: Die Legende vom letzten Wiener Fiaker. Ein romantisch-besinnlicher Stoff, ähnlich wie der des *Müden Tod*. Er sollte zurückblenden in die Zeit Kaiser Franz Josefs, als die Automobile noch nicht die Straßen beherrschten und die gemütliche Heurigen- und Prater-Seligkeit dominierte.

Lang hatte auch bereits das Szenario entworfen, wurde dann jedoch von der Zeit überrollt. Und die war hektisch, ja, gefährlich geworden. Die NSDAP hatte bei den Landtagswahlen in Preußen gewonnen, Hitler war von der braunschweigischen Regierung die deutsche Staatsangehörigkeit verliehen, das SA- und SS-Verbot durch die Regierung von Papen aufgehoben worden. Im gesamten Reichsgebiet gärte es und es schien nur noch eine Frage der Zeit, bis sich die Braunhemden an die angestrebte

Macht setzen würden. Nebenzahl, der mit seiner *Dreigroschenoper* und vor allem mit den beiden Filmen des Elisabeth Bergner-Gatten Dr. Paul Czinner *Ariane* und *Der träumende Mund* (»sie« in den beiden Hauptrollen) erneut Kassenerfolge gehabt hatte, drängte Lang, doch wieder einen Film zu drehen, der sich nicht mit der Wiener Butzenscheibenromantik, sondern mit den Zeitumständen befassen sollte.

»Warum machen Sie keinen neuen Mabuse-Film?«, lautete seine Frage.

»Der ist doch in meinem Zweiteiler wahnsinnig geworden«, war die Antwort.

»Er könnte ja wieder gesund geworden sein...«, setzte Nebenzahl nach. Er witterte erneut ein Riesengeschäft. Lang unterhielt sich mit seiner Noch-Ehefrau Thea. Die war inzwischen mit fliegenden Fahnen zu Hitler und seiner sogenannten Bewegung übergelaufen. Nicht, weil sie zu den Radikalinskis zählte, sondern einfach den Nazi-Parolen Glauben schenkte. Beide zogen den Verfasser der Mabuse-Gruselgeschichte, Norbert Jacques, zu Rate. Dessen Ullstein-Roman hatte sich von der ersten Fassung des Lang-Films vor zehn Jahren sehr wesentlich vom Leinwand-Geschehen abgehoben: Im Roman stürzte Mabuse aus einem offenen Flugzeug heraus, im Film wurde er wahnsinnig.

Nach vielem Abwägen von Pro und Kontra einigte man sich darauf, den irren Mabuse doch wieder auf die Menschheit loszulassen. Lang sah darin auch eine Chance, Hitlers Methoden bloßzulegen, seine Rattenfänger-Taktik zu entlarven. Das mußte dezent geschehen, zumal ja auch Thea von Harbou sich wieder mit an die Schreibmaschine setzte und das Buch schrieb – ohne von dem Hintergedanken Langs zu erfahren. Das las sich dann so:

In einer Stadt häufen sich gewisse seltsame Sabotageakte. Die Polizei kann nur feststellen, daß eine Bande am Werk ist, die von irgendeinem geheimnisvollen Führer geleitet wird. Ein Kommissar, der etwas tiefer forscht, bekommt schließlich heraus, daß alle Fäden in einer berühmten Nervenanstalt zusammenlaufen.

... und wieder »Mabuse«: noch einmal kehrte der gemeingefährliche Verbrecher nach mehr als zehn Jahren auf die Filmleinwand zurück. Der Film durfte allerdings in Deutschland nicht mehr gezeigt werden und wurde nur für das Ausland freigegeben. Szene aus »Das Testament des Dr. Mabuse« mit Oskar Beregi (links) und Rudolf Klein-Rogge in der Titelrolle.

Dort treffen sich die Unterführer der Bande, dort erhalten sie ihre geheimnisvollen Befehle! Als der Kommissar dicht daran ist, das Geheimnis zu lüften, verschwindet er.

Neue Nachforschung. Schließlich stellt sich heraus: In dieser Nervenanstalt liegt der wahnsinnige Doktor Mabuse, den die Öffentlichkeit schon seit vielen Jahren tot wähnte. Zwar ist er fast gelähmt, aber noch ist seine Fähigkeit, seinen Willen auf andere zu übertragen, intakt. Und er hat seinen Arzt, einen der berühmtesten Nervenspezialisten der Welt, hypnotisiert. Mabuse schreibt Stunde für Stunde, Tag für Tage Befehle aus, die jener befolgt. Befehle, die dazu angetan sind, die bestehende Ordnung umzustürzen, Mord, Totschlag, Chaos zu verbreiten.

Szene aus Fritz Langs letztem, vor seiner Emigration in Deutschland gedrehten Film »Das Testament des Dr. Mabuse« mit Otto Wernicke als Kommissar Lohmann und Klaus Pohl als Müller.

Fünf Minuten, bevor die Revolution, die Mabuse will, ausbricht, fünf Minuten, bevor alles verloren wäre, gelingt es der Polizei, den Nervenarzt unschädlich zu machen. Dr. Mabuse ist, als man ihn festnehmen will, bereits tot.

Das Manuskript war geschickt aufgebaut. Es zeigte – wie in einem Gleichnis – Hitlers Terrormethoden. Parolen und Glaubensartikel des heraufziehenden Dritten Reichs wurden Verbrechern in den Mund gelegt. Und das alles geschrieben von derselben Frau, die in der Deutsch-Französischen Gesellschaft und bei anderen Klubs Reden für die Völkerannäherung und gegen den Paragraphen 218 hielt...

Gedreht wurde der Film unter dem Titel »*Das Testament des Dr. Mabuse*« in einer Originallänge von 122 Minuten wieder in Staaken. Wieder zählten beim technischen Stab und unter den Schauspielern ein Großteil alter, bewährter Gesichter dazu: Rudolf Klein-Rogge, der in *Frau im Mond* und *M* entgegen sonstiger Langscher Gepflogenheiten nicht eingesetzt war, war diesmal wieder dabei. Wie schon 1921/22 mimte er die schreckeneinjagende Titelfigur, Otto Wernicke und Theodor Loos (einstiger *Nibelungen*-Gunther) waren mit glaubhafter Charakterisierungskunst (wie schon in *M*) wichtige Handlungsträger, und mit dem späteren Maria Cebotari-Gatten Gustav Diessl debütierte ein ganz neuer, männlicher Typ, dem man eine hoffnungsvolle Zukunft voraussagte.

An der Kamera stand abermals Fritz Arno Wagner. Er und der Film überhaupt waren zu einem Begriff geworden. Auch diesmal studierte er in der Zeit der Vorbereitung das Drehbuch, war bei den Besprechungen mit Producer, Regisseur, Architekt und Kostümberater dabei, kannte also das künstlerische Ziel des Films, seine Grundtendenz, wußte, daß wiederum jede Aussage dieses Lang-Films von seinen Bildern ausgehen würde.

Nach zehn Wochen hatte man die rund 500 Einstellungen »im Kasten«. Wie immer, montierte Fritz Lang seine Szenen am Schneidetisch selbst. Alles stand also zum Besten. Stolz veröffentlichte der Berliner KINEMATOGRAPH in seiner Neuigkeiten-Rubrik in der Ausgabe vom 21. März 1933 folgende Notiz:

»Am Freitag, 24. März, kommt der Fritz-Lang-Tonfilm der NERO (Verleih: Deutsche Universal) *Das Testament des Dr. Mabuse* im UFA-Palast am Zoo zur Uraufführung.«

Daraus wurde nichts. Denn schon zwei Tage später ließ die UFA wörtlich nachschieben: »Die für Freitag im UFA-Palast angesetzte Premiere des Fritz-Lang-Films *Das Testament des Dr. Mabuse* ist verschoben worden. Dafür gelangt am Freitag der Film *Blutendes Deutschland*, der Film der nationalen Erhebung und dem deutschen Volk gewidmet, zur Uraufführung.« Fritz Langs letzter Versuch zur Abwendung des hereinbrechenden Verhängnisses, die noch bestehenden Überreste der Weimarer Republik zu retten, war damit gescheitert.

Inzwischen hatten die Nationalsozialisten die Regierungsverantwortung übernommen. Und damit änderte sich nahezu alles. Ein kompetenter Augen- und Ohrenzeuge erinnerte sich:

»In allen Filmgesellschaften waren NSBO-Zellen gegründet worden, überall wehten Hakenkreuzfahnen, überall tauchten Männer auf, die bis gestern noch obskure Posten innegehabt hatten – oder überhaupt keine Posten, und die jetzt das große Wort führten, weil sie alte Parteigenossen waren und niedrige Parteinummern besaßen. In vielen Ateliers stockte die Arbeit. Man wußte ja nicht, ob es noch zu verantworten war, einen Film mit ›nichtarischen‹ Schauspielern und Regisseuren zu Ende zu führen oder gar neu mit ihnen zu beginnen.

Die gesamte Filmindustrie fühlte sich also wie erlöst, als der Propagandaminister zu einer allgemeinen Aussprache am 28. März des Unheiljahres 1933 in den ›Kaiserhof‹ lud. Man würde jetzt endlich erfahren, woran man war. Man erfuhr einiges, noch ehe die Sitzung begonnen hatte. Viele der Geladenen, mit denen man seit Jahren im engsten Kontakt gewesen war, erschienen zu meiner und der anderen nicht geringen Verwunderung in SA- und SS-Uniformen. Mit vielen, die gestern noch hofiert worden waren, wurde jetzt nicht mehr gesprochen.

Endlich erschien Goebbels in Begleitung Graf Helldorfs und des Prinzen Auwi. Zuerst sprach Carl Froelich, kurz und klug, dann Ludwig Klitzsch. Nie habe ich ihn mehr bewundert als an diesem Tage. Seine Rede war nicht nur geschickt, sondern auch mutig. Er machte einige nichtssagende Verbeugungen dem neuen Regime gegenüber, sprach aber gleich darauf die ernste Warnung aus, so wie in den letzten Wochen ginge es nicht weiter! Er sprach von Konjunkturrittern und Gerüchtemachern, von der Notwendigkeit, wieder in Ruhe zu arbeiten, und davon, daß der deutsche Film auf das Ausland angewiesen sei.

Er wurde oft unterbrochen. Offenbar hatten die Herren in den braunen Hemden die Parole ausgegeben, Klitzsch müsse lächerlich gemacht und beschimpft werden. Als der Chef der UFA von seiner Absicht sprach, ein Lehr- und Forschungsinstitut in Babelsberg zu schaffen, brüllte jemand: ›Wohl auch wieder für ausländische Juden!‹

Schließlich redete Dr. Goebbels. Er sprach witzig und wirksam, und wir alle merkten sofort, daß er etwas vom Film verstand. Er lobte Werke wie »Panzerkreuzer Potemkin«, »Nibelungen«, »Anna Karenina« und »Rebell« über den grünen Klee, was einigermaßen verwunderlich ist, wenn man bedenkt, daß diese Filme samt und sonders von »Nichtariern« gemacht worden waren.«

Dazu zählte ja auch Fritz Lang. Wenn auch nur ›halb‹. Denn dessen Mutter Paula war eine geborene Schlesinger, dem Vokabular der neuen Machthaber nach also eine »Volljüdin.« Fritz Lang ahnte, wohin der Hase laufen würde.

Goebbels gab im weiteren Verlaufe der Tagung mit deutlichem Seitenblick auf Klitzsch seiner Verwunderung darüber Ausdruck, daß man sich in den Filmateliers unsicher fühle; man könne sich sicher fühlen, die Zeit des ewigen Regierungswechsels sei ja nun vorbei. »Wir bleiben, darauf können Sie sich verlassen!« Auch die Braunhemden bekamen ihre kalte Dusche. »Selbstverständlich können wir nicht von früh bis spät in Gesinnung machen!

Nachdem Goebbels gesprochen hatte, wußte man nicht mehr als zuvor, wußte nicht, was erlaubt und was verboten sein würde. Wie unklar noch alles war, ist am besten daraus zu erkennen, daß nur wenige den Arm hoben, als nun das Deutschlandlied gesungen wurde, und daß die meisten sitzenblieben, als die Braunhemden das Horst-Wessel-Lied anstimmten, das sicher mehr als der Hälfte der Anwesenden völlig unbekannt war.«

Überrascht war Lang, als er bereits am nächsten Tage die Aufforderung erhielt, sich in Goebbels' Amtsräumen des neu gebildeten Propagandaministeriums am Wilhelmplatz gegenüber dem KAISERHOF-Hotel und einen Steinwurf weit von Hitlers Reichskanzlei entfernt einzufinden. Er ahnte nichts Gutes. Denn inzwischen hatte in der Nacht zum 27. Februar, einen Monat nach dem Regierungswechsel, der Reichstag gebrannt und eine Verfolgungsjagd auf sogenannte Staatsfeinde eingesetzt. Ein Großteil aus den Reihen der Filmschaffenden hatte bereits unmittelbar nach der denkwürdigen KAISERHOF-Sitzung Deutschland verlassen. Dazu zählten u. a. Erich Pommer, Gustav Fröhlichs Gattin, die ungarische Sängerin und Schauspielerin Gitta Alpar, Staatstheater-Intendant Leopold Jessner, Leontine Sagan (Schöpferin des *Mädchen in Uniform*-Filmes), Dr. Robert Wiene (Regisseur des *Caligari*-Welterfolges), Wilhelm Thiele, Billy Wilder (damals noch mit ›ie‹ statt ›y‹ im Vornamen), Sokal, Dupont, Oswald, Sierk, später Max Colpet, dessen bester Freund Lorre usw. Fritz Lang kam jedoch noch der Aufforderung nach und ging zu Goebbels. In der vagen Hoffnung, seinen *Mabuse*-Film durch ein persönliches Gespräch zur Aufführung doch noch frei zu bekommen, vor allem jedoch zu erfahren, warum man ihn überhaupt gesperrt habe.

Goebbels empfing den Besucher mit aalglatter Höflichkeit, kam ihm sogar von seinem riesigen Schreibtisch aus entgegen. »Er in brauner Parteiuniform, ich dagegen in gestreifter Hose und einem Sportjackett...«, erinnerte sich Lang noch Jahre später haargenau. Der figürlich kleine Mann zog Lang dann in die Nähe der großen fünf Fenster und lobte, mit einem Blick auf den Wilhelmplatz, nochmals die bisherigen Lang-Filme.

»Der Führer und ich haben seinerzeit *Metropolis* in einem Provinz-Lichtspieltheater gesehen, ebenso die beiden Teile der *Nibelungen*. Damals stand für den Führer fest, daß Sie eines Tages, wenn wir die Macht übernommen haben würden, auch ganz allein für das Filmwesen in Deutschland verantwortlich zeichnen sollten...«, eröffnete der neuernannte Reichsminister für Volksaufklärung und Propaganda seinem Gast, dabei Charme versprühend, den man ihm auch später für gewisse Fälle nachsagte.

Lang glaubte seinen Ohren nicht zu trauen, als ihm Goebbels nun auch offiziell die Schlüsselstellung für das gesamte deutsche Filmwesen anbot. Wußte er denn nicht, daß Lang wegen seiner Mutter die Voraussetzungen nicht zu erfüllen vermochte? Selbst wenn Göring schon in aller Öffentlichkeit – mit Seitenblick auf seinen einstigen Fliegerkameraden und späteren General der Flieger Milch – getönt hatte: »Wer Jude ist, bestimme ich!«?

Fritz Lang tat das in diesem Augenblick einzig Richtige und so, als könne er dieses Angebot in seiner Plötzlichkeit gar nicht richtig fassen. Er bat um Bedenkzeit von 24 Stunden. Goebbels, in der Meinung, Lang für diese so verlockend erscheinende Offerte so oder so geködert zu haben, gewährte sie ihm.

Lang selbst konnte nicht schnell genug aus dem Pro-Mi (wie man das Propagandaministerium später nannte) herauskommen, vorbei an den salutierenden SS-Männern und hinaus auf den Wilhelmplatz. Mit einem Blick auf die Uhr: Die zeigte exakt 2.30 Uhr mittags an. Und das sollte Folgen haben...

Flucht und Neu-Start

Lang ahnte, wie gesagt, wohin der Hase laufen würde. Er wollte, das war ihm in diesem Augenblick in der Mittagsstunde nach dem Goebbels-Treff klar, nicht die Shaw-Maxime befolgen, die da lautet, der Hase sei am sichersten im Troß der Jäger. Sein Plan stand fest: Fort aus Berlin, bei allem, was ihm diese Stadt bedeutete, fort aus Deutschland. Und das sofort! Aber wie? 2.30 Uhr mittags bedeutete nach den normalen Usancen, daß fast alle Geschäfte um diese Zeit geschlossen hatten, vor allem die Banken. Mit anderen Worten hieß das, Fritz Lang würde keine Gelegenheit mehr haben, Geldbeträge von seinen Konten abheben zu können. Zu Freunden und Bekannten wollte und konnte er nicht mehr gehen. Wem konnte man in jenen Tagen überhaupt noch vertrauen, mit wem hätte man sich über seinen festgefaßten Plan offen unterhalten können?

Nur einen Menschen gab es in dieser prekären Situation, eine ihm ans Herz gewachsene junge Dame aus der Berliner Gesellschaft: Lily Latté! Auch sie überschaute die Lage, die sich in den wenigen Wochen seit der sogenannten ›Machtübernahme‹ unheilvoll anbahnte. Auf allen Gebieten! Jede noch so dürftige Bemerkung, die die Zukunft in garantiert rosigem Licht erstrahlen ließ, wurde mit einem Jubel aufgenommen, als wäre sie bereits da und hätte sich schon jetzt als rosig erwiesen. Alles wurde wörtlich genommen. Selbst die hellsten Berliner glaubten den neuen Männern und ihren Parolen aufs Wort. Auch viele, denen man einen klaren Blick hätte zutrauen dürfen (und müssen), und die sich nach der Katastrophe damit herauszureden versuchten, an ›so etwas‹ nicht gedacht zu haben. Selbst in den kühnsten Träumen nicht...

Fritz Lang telefonierte mit Lily Latté, bat sie, die in seiner Dahlemer Wohnung aufbewahrte Barsumme von 500 Mark, sein goldenes Zigarettenetui und einige greifbare und nicht im Bank-

Safe deponierte Schmuckstücke an sich zu nehmen und ihm zu einem vereinbarten Treffpunkt zu bringen. Gottseidank hatte er seinen Reisepaß in der Tasche und zwei Visa, die ihm die Einreise nach Frankreich und England gestatteten. Glück (im Unglück) hatte er insofern noch, als ihm ein Schlafwagen-Abteil von der ›Wagons-lits‹-Gesellschaft für den gleichen Tag bzw. für die Nacht garantiert werden konnte. Und zwar mit dem Reiseziel Paris.

»Die ganze Aktion hätte eine Romanstoff für Maurice Dukobra oder Graham Greene abgeben können...«, behauptete Lang später treffend.

Mit der improvisierten Planung allein war es jedoch nicht getan. Es hatte sich in den seit dem 30. Januar verstrichenen einenhalb Monaten herumgesprochen, daß bei Ausreisen aus dem Reichsgebiet an den Grenzkontrollpunkten scharf gesiebt, genau geprüft, besonders auf die Mitnahme von Wertgegenständen und Devisen geachtet werden würde. Vorsicht war also geboten. Mit einer Rasierklinge schlitzte Lang den Teppich in seinem Abteil auf und schob die Geldscheine in die Öffnung, die Juwelen legte er hinter ein Wasserrohr in der Toilette und tat zwischen Aachen und dem letzten deutschen Grenzbahnhof so, als schliefe er bei heruntergezogenem Fenstervorhang in seiner Sitzecke. Alles ging gut. Er hatte noch insofern richtig taktiert, als er sich im Berliner Reisebüro formell auch seine Rückfahrt reservieren ließ, also nur eine »Geschäftsreise« vorgetäuscht hatte, die eine Rückkehr garantierte. Zumindest auf dem Papier...

Dennoch atmete er auf, als der Berlin-Brüssel-Paris-Expreß im Herbesthal belgisches Hoheitsgebiet erreicht hatte. Von dort waren es praktisch nur noch wenige Stunden bis zum Gare du Nord an der Seine. Dort kannte er sich aus, und dort traf er als Ersten Erich Pommer, der Berlin bereits Anfang Februar verlassen und eine leitende Position bei der Europa-Direktion der amerikanischen FOX-Film angetreten hatte. Ein Posten, den Goebbels ihm übrigens auch für den deutschen Bereich ohne Behinderung und Einschränkung aller Projekte garantieren wollte. Mit dem Hintergedanken, dem kritisch und skeptisch gewordenen Ausland gegenüber zu beweisen, wie tolerant man doch sei und von sogenannter Rassenmißkreditierung gar nichts wissen wolle. Aber Pommer zog den Exodus vor. Klugerweise, wie sich später herausstellen sollte.

In Pommers Begleitung hatte sich ein Mann befunden, der bereits zu Zeiten der DECLA-BIOSKOP und später auch bei der UFA zu seinen engsten, tüchtigsten und wertvollsten Mitarbeitern zählte: Robert Liebmann! Er war einer der fruchtbarsten und erfolgreichsten Autoren, die der deutsche Film neben Hans Kräly, Carl Mayer, Hans Janowitz, Carl Zuckmayer und – last but not least – Thea von Harbou aufzuweisen hatte. Zwischen den Jahren 1930–1932 hatte er, zusammen mit dem »BZ am Mittag«-Filmredakteur Norbert Falck, hintereinander mit drei kassenfüllenden Streifen als Drehbuchschreiber brilliert: Mit Josef von Sternbergs *Blauem Engel* mit Marlene Dietrich und Emil Jannings, Paul Martins *Der Sieger* mit Hans Albers und der Eric-Charell-Inszenierung *Der Kongreß tanzt* mit Lilian Harvey und Willy Fritsch.

Dieser Ideengeber und Fachmann hatte – wie sein jetzt in Hollywood domizilierender Großmeister am ›script desk‹, der gebürtige Wiener Walter Reisch, ebenso erfolgreich und wegweisend – seinen Job von der Pike auf erlernt, zuerst als Zensor und Dramaturg für eingereichte Filmmanuskripte, später dann als Autor unmittelbar.

Dieser Robert Liebmann saß nach seiner Auch-Emigration also ebenfalls in Paris und hatte dort auch gleich wieder einen Themen-Vorschlag für seinen Boß Erich Pommer; nämlich Franz Molnárs Berliner Bühnen-Serienerfolg *Liliom* für den tönenden Film szenisch aufzubereiten und zurechtzustutzen, – mit Fritz Lang als Regisseur.

Der war hocherfreut, sogleich wieder in seinem gewohnten Metier tätig sein zu können. Zusammen mit Liebmann saß er auch diesmal – wie einst daheim neben seiner jetzt auch offiziell von ihm geschiedenen Ehefrau Thea von Harbou – mit als Co-

Autor an der Schreibmaschine, hatte bereits bei der Abfassung der Drehfolge wieder jedes Detail im Kopf, wußte wieder, wieviel Zentimeter Film die Länge der einzelnen Szenen aufzuweisen haben müßten (und würden), wieviel Schnitte zu machen waren und gab auch hier wieder, in Absprache mit Pommer, einem jungen Schauspieler Gelegenheit, die Startbahn für seinen späteren Weltruhm zu legen: Charles Boyer!

Ihm vertraute Lang die Rolle an, die Hans Albers einst an der Berliner Volksbühne unter der Regie von Karl-Heinz Martin zu einer Berliner Theatersensation mit nicht endenwollenden Laufzeit-Verlängerungen gemacht hatte. Charles Boyer legte seinen Part, von Lang klug geführt, anders als der Rummelplatzausrufer Albers mit seinem alles in seinen Zuschauer-Bann schlagenden Parade-Song *Komm' auf die Schaukel, Luise* an. Mit französischem Flair, mit französischer Sensibilität. Seine Partnerin als Julie hieß Madeleine Ozeray, das Ganze wurde von dem Ex-Berliner Franz Waxmann musikalisch untermalt. Uraufführung war im April 1934. Für Deutschland gab's keine Verleihmöglichkeit.

Ebensowenig wie für *Mabuses Testament*.

Dieser Film war jedoch unmittelbar nach dem Deutschland-Verbot wenigstens für das Ausland freigegeben worden. Das damals noch freie Österreich ließ ihn bereits am 12. Mai 1933 in seinen Lichtspieltheatern anlaufen. Bei wochenlang ausverkauften Häusern. Eine Kopie war auch nach Frankreich geschmuggelt worden, fand dort ebenfalls den Beifall des Kino-Publikums und sorgte für Gesprächsstoff.

Auch in Deutschland war er zu sehen: Privat, in den häuslichen Gemächern des Dr. Josef Goebbels, und zwar aus Anlaß seines Geburtstages im Oktober 1933. Er selbst kannte ihn schon dienstlich aus dem Eff-Eff, diesmal wollte er ihn aber seinen Gästen zugänglich machen. Als der letzte Meter durch den Projektor gespult war, herrschte Schweigen. Alle blickten auf das Geburtstagskind. Auch das schwieg. Dagegen war der damals dreizehnjährige Stiefsohn, der Ende der sechziger Jahre bei einem Flugzeugabsturz an der Côte d'Azur ums Leben gekommene

Großindustrielle Harald Quandt, wörtlich der inkompetenten Meinung: ›Der Film ist schick...!‹ Der vor der Festtagsrunde nunmehr herausgeforderte Goebbels: »Ich habe den *Mabuse*-Film aus dem Grunde verboten, weil er beweist, daß eine bis zum Äußersten entschlossene Gruppe von Männern, wenn sie es nur ernstlich will, durchaus dazu imstande ist, jeden Staat mit Gewalt aus den Angeln zu heben...!« (Wie wahr, könnte man dem Einpeitscher von einst im nachhinein bestätigen).

Nach einer nachdenklichen Pause fügte er hinzu: »Und zu so etwas muß sich nun ein großer Regisseur hergeben, wenn man ihm keine Themen bietet...!«

Das hatte nun die französische FOX geboten. Mit Erfolg! Goebbels Rache bestand darin, Lang über das Reichsfinanzministerium eine nachträgliche Steuerforderung zu übermitteln, und zwar aus dem Jahre 1927. Abgesehen davon, daß der – nachweisbar – alle Steuer-Beträge pünktlich entrichtet hatte, eine typische niederträchtig-infame Methode jener neuen Herrscher, unberechtigterweise einem Manne noch etwas abzuverlangen, der alles im Leben Erarbeitete stehen und liegen lassen und schweren Herzens ins Ausland emigrieren mußte.

Der dort aber mit offenen Armen aufgenommen wurde..., nach seinem Frankreich-Aufenthalt auch von Amerika. Und das kam so:

Irving Thalberg, Vizepräsident und Executive Producer der filmweltbeherrschenden METRO GOLDWYN MAYER in Hollywood und ›Macher‹ zahlreicher Filme von Weltruf (u. a. zählte Greta Garbos *Kameliendame* dazu), hatte Langs *M* bei der PARAMOUNT gesehen, kannte auch viele andere Werke des deutschen Regisseurs, lobte sie und empfahl seinen Autoren nach einer privaten Vorführung in den MGM-Studios in Culver City, sich die Auffassungen und die technische Anwendung der Mittel des gebürtigen Wieners zu eigen zu machen. Ihm war nicht entgangen, daß Lang nach seinem Fortgang aus Berlin nun in Paris zusammen mit Pommer wieder tätig geworden war. Er signalisierte seinem Vize-Präsidenten-Kollegen David O. Selznick, von London aus nach Paris zu fahren und dort Kontakt mit Lang aufzunehmen. Selznick befand sich auf einer Europareise, zusammen mit dem MGM-Regisseur George Cukor. Sie planten einen Film über David Copperfield und hatten auch ein Meeting mit Englands Premier David Lloyd George. Denn die aus Deutschland emigrierte Leontine Sagan, die mit ihrem *Mädchen in Uniform*-Film mit Dorothea Wieck und der blonden Herta Thiele in Berlin ungewöhnliches Regie-Talent demonstriert hatte, sollte einen Dokumentar-Film über Lloyd George für MGM drehen.

Eine günstige Gelegenheit für Selznick, bei diesem Abstecher von der Themse an die Seine persönlich mit Lang zu konferieren. Mit dem Hintergedanken, ihn für Hollywood zu engagieren. Lang wollte aber Pommer nicht enttäuschen und ihn verlassen. Erst als der ihn ermunterte, das verlockende Angebot der führenden amerikanischen Filmgesellschaft anzunehmen und ihm en passant wissen ließ, daß er selbst sich auch schon mit der Übersiedlung ins kalifornische Film-Mekka gedanklich vertraut gemacht habe und unmittelbar vor einem Vertragsabschluß stünde, setzte Fritz Lang seine Unterschrift unter den von Hugh Walpole, Selznicks begleitenden Firmen-Justitiar, ausgearbeiteten Kontrakt.

Schon einige Tage später, am 6. Juni 1934, dampfte der so Umworbene zusammen mit der MGM-Crew, David und Irene Selznick, dessen Bruder Myron, George Cukor und den beiden Autoren John Paddy Carstairs und Howard Estabrook, von Cherbourg aus auf der »Ile de France« in die Vereinigten Staaten ab. Damit schien er Europa für immer verlassen und dem kontinentalen Film ein für allemal den Rücken gekehrt zu haben.

Es sollte auch erst ein halbes Jahrhundert vergehen, bis Fritz Lang nach intensiver Regie-Tätigkeit mit unterschiedlichem Erfolg in den US-Film-Studios zurückkehrte.

Aber das ist eine lange Geschichte für sich...

Fritz Lang-Filmografie von 1917–1933

Die Hochzeit im Exzentrikklub
1917
Buch: Fritz Lang
Regie: Joe May
Kamera: Carl Hoffmann

Hilde Warren und der Tod
1917
(Joe Debbs-Serie)
Buch: Fritz Lang
Regie: Joe May
Darsteller: Mia May

Die Pest in Florenz
1919
Decla-Bioskop
Buch: Fritz Lang
Regie: Otto Rippert
Kamera: Carl Hoffmann
Bauten: Hermann Warm, Jaffe
Darsteller: Marga Kierska

Die Frau mit den Orchideen
1919
Decla-Bioskop
Buch: Fritz Lang
Regie: Otto Rippert
Kamera: Carl Hoffmann
Darsteller: Werner Krauss

Halbblut
1919
Decla-Bioskop
Buch und Regie: Fritz Lang
Kamera: Carl Hoffmann
Darsteller: Ressel Orla, Carl de Vogt, Gilda Lange

Der Herr der Liebe
1919
Decla-Bioskop – Helios
Buch: Oskar Koffler
Regie: Fritz Lang
Kamera: Emil Schünemann
Darsteller: Carl de Vogt, Gilda Lange, Erika Unruh, Fritz Lang

Der Goldene See (Die Spinnen, Teil 1)
Okt. 1919
Decla-Bioskop
Spieldauer: 81 min
Buch und Regie: Fritz Lang
Kamera: Fritz Schünemann
Bauten: Otto Hunte, Carl Kirmse
Darsteller: Carl de Vogt, Ressel Orla, Lil Dagover, Paul Morgan, Georg John, Bruno Lettinger, Paul Biensfeldt, Friedrich Kühne

Harakiri
Dez. 1919
Decla-Bioskop
Buch: Max Jungk
Regie: Fritz Lang
Kamera: Carl Hoffmann
Darsteller: Lil Dagover, Niels Prien, Loni Nest

Das Brillantenschiff
(Die Spinnen, Teil 2)
Febr. 1920
Decla-Bioskop, Spieldauer: 69 min
Buch und Regie: Fritz Lang
Kamera: Karl Freund
Darsteller: wie bei *Der Goldene See*

Das wandernde Bild
1920
Joe May Co.
Buch: Fritz Lang und Thea von Harbou
Regie: Fritz Lang
Darsteller: Mia May, Hans Marr

Vier um die Frau
1921
Decla-Bioskop
Buch: Fritz Lang und Thea von Harbou
Regie: Fritz Lang
Darsteller: Rudolf Klein-Rogge, Carola Toelle

Die Sendung des Yogi
1921
Joe May Co.
Buch: Fritz Lang und Thea von Harbou
Regie: Joe May
Darsteller: Mia May, Conrad Veidt, Lya de Putti, Olaf Fönss, Bernhard Goetzke, Paul Richter

Der müde Tod
Okt. 1921
Decla-Bioskop
Drehzeit 9 Wochen
Buch: Fritz Lang und Thea von Harbou

Regie: Fritz Lang
Kamera: Fritz Arno Wagner, Erich Nietzschmann,
Hermann Salfrank
Bauten: Robert Herlth, Walter Röhrig, Hermann Warm
Darsteller: Lil Dagover, Bernhard Goetzke, Walter Janssen,
Rudolf Klein-Rogge

Dr. Mabuse, der Spieler
Mai 1922
Ullstein-Uco-Ufa
Spieldauer: 95 min
Buch: Fritz Lang und Thea von Harbou nach dem Roman
von N. Jacques
Kamera: Carl Hoffmann
Bauten: Otto Hunte, Stahl-Urach
Regie: Fritz Lang
Darsteller: Rudolf Klein-Rogge, Alfred Abel,
Aud Egede Nissen, Gertrude Welcker, Bernhard Goetzke,
Lil Dagover, Paul Richter, Forster Lurinaga, Hans Adalbert
von Schlettow, Georg John, Karl Huszar, Greta Berger,
Julius Falkenstein, Lydia Potechina, Anita Berber,
Adele Sandrock, Max Adalbert, Paul Biensfeldt,
Hans Junkermann, Auguste Prasch-Grevenberg, Karl Platen
Drehzeit 8 Wochen

Inferno (*Dr. Mabuse,* Teil 2)
Juni 1922
Ullstein-Uco-Ufa
Spieldauer: 100 min
wie *Dr. Mabuse, der Spieler*
Drehzeit: 9 Wochen

Die Nibelungen: *Siegfrieds Tod*
Febr. 1924
Ufa

Buch: Fritz Lang und Thea von Harbou
Regie: Fritz Lang
Kamera: Carl Hoffmann, Günther Rittau
Falkentraum: Walter Ruttmann
Bauten: Otto Hunte, Erich Kettelhut, Karl Vollbrecht
Kostüme: Paul Gerd Guderian
Musik: Gottfried Huppertz
Darsteller: Paul Richter, Margarete Schön, Hanna Ralph, Bernhard Goetzke, Theodor Loos, Hans Adalbert v. Schlettow, Georg John, Gertrude Arnold, Rudolf Klein-Rogge
Drehzeit: 15 Wochen

Die Nibelungen: *Kriemhilds Rache*
Sept. 1924
Ufa
wie: *Siegfrieds Tod*
Drehzeit: 16 Wochen

Metropolis
Jan. 1927
Ufa
Buch: Fritz Lang und Thea von Harbou
Regie: Fritz Lang
Kamera: Karl Freund, Günther Rittau
Bauten: Otto Hunte, Erich Kettelhut, Karl Vollbrecht
Musik: Gottfried Huppertz
Darsteller: Brigitte Helm, Alfred Abel, Gustav Froehlich, Rudolf Klein-Rogge, Heinrich George, Fritz Rasp
Drehzeit: 31 Wochen vom 22.3.1925 bis 30.10.1926
Kosten: 1,3 Mio RM

Spione
März 1928
Fritz Lang-Film GmbH – Ufa
Buch: Fritz Lang und Thea von Harbou

Regie: Fritz Lang
Bauten: Otto Hunte, Karl Vollbrecht
Kamera: Fritz Arno Wagner
Musik: Werner R. Heymann
Darsteller: Lien Deyers, Gerda Maurus, Grete Berger,
Hertha von Walther, Willy Fritsch, Rudolf Klein-Rogge,
Lupu Pick, Fritz Rasp, Paul Hörbiger, Craighall Sherry
Drehzeit: 15 Wochen

Frau im Mond
Dez. 1929
Fritz Lang-Film GmbH – Ufa
Spieldauer: 150 min
Buch: Fritz Lang und Thea von Harbou
Regie: Fritz Lang
Bauten: Emil Hasler, Otto Hunte, Karl Vollbrecht
Kamera: Curt Courant, Oskar Fischinger, Otto Kanturek
Tricks: Konstantin Tschetwerikoff
Musik: Willy Schmidt-Gentner
Darsteller: Gerda Maurus, Willy Fritsch, Fritz Rasp,
Gustav v. Wangenheim, Klaus Pohl, Gustl Stark-Gstettenbaur
Drehzeit: 13 Wochen

M
Mai 1931
Nero-Film
Regie: Fritz Lang
Schnitt: Paul Falkenberg
Kamera: Fritz Arno Wagner, Assistent: Karl Vash
Bauten: Emil Hasler, Karl Vollbrecht
Darsteller: Peter Lorre, Otto Wernicke, Gustaf Gründgens,
Theo Lingen, Theodor Loos, Georg John, Ellen Widmann,
Fritz Gnaß, Fritz Odemar, Paul Kemp, Ernst Stahl-Nachbaur,
Karl Platen, Gerhard Bienert, Rosa Valetti
Drehzeit 6 Wochen

Buch: Fritz Lang, Thea von Harbou, Paul Falkenberg,
Adolf Jang, Karl Vash (n. einem Artikel von Egon Jacobson)

Das Testament des Dr. Mabuse
Nero-Film
Buch: Fritz Lang und Thea von Harbou
Regie: Fritz Lang
Kamera: Fritz Arno Wagner
Bauten: Karl Vollbrecht, Emil Hasler
Darsteller: a) deutsche Version: Rudolf Klein-Rogge,
Otto Wernicke, Gustav Diessl, Oscar Beregi, Vera Liessem,
Camilla Spira, Karl Meixner; b) französische Version:
Rudolf Klein-Rogge, Jim Gérald, Thomy Bourdelle,
Maurice Maillot, Monique Rolland, René Ferté,
Daniel Mendaille, Raymond Cordy, Ginette Gaubert,
Karl Meixner
Drehzeit: 10 Wochen

Liliom
1933
SAF Fox-Film
Buch: Fritz Lang, Robert Liebmann n. Franz Molnar
Dialoge: Bernard Zimmer
Bauten: Paul Colin, René Renoux
Kamera: Rudolph Mate, Louis Née
Musik: Jean Lenoir, Franz Waxman
Darsteller: Charles Boyer, Madeleine Ozeray, Florelle,
Robert Arnoux, Roland Toutain, Alexandre Rignault,
Henri Richaud, Richard Darencey, Antonin Artaud,
Maximilienne, Mimmi Funès, Viviane Romance, Mila Pařely
Drehzeit: 8 Wochen

AMERIKA
Das zweite Leben
von 1933 – 1976

Wiedersehen mit Hollywood

Sechs Tage benötigte die ›Ile de France‹ vom Atlantikquai in Cherbourg bis an die Anlegepiers am New Yorker Hudson.
»Das Wiedersehen mit der Weltstadt war bitter und schmerzlich...«, erinnerte sich Fritz Lang. Und sagte auch warum: »Als ich 1924 das erste Mal an der Seite Pommers den Ozean überquerte und für ein Vierteljahr lediglich als studierender Besucher in die Vereinigten Staaten reiste, herrschten für mich ganz andere Bedingungen: Einmal wußte ich, daß es sich nur um einen vorübergehenden Trip handelte, keine Hindernisse und Schwierigkeiten zu erwarten waren und auch die Sprach-Hürde dank einer perfekt amerikanisches Englisch sprechenden Dauerbegleitung genommen wurde; ich war praktisch Ehrengast. Diesmal, genau zehn Jahre später und inzwischen 44 Jahre alt geworden, war es eine völlig neue Situation. Gewiß, ich hatte meinen beruhigenden Vertrag mit der MGM, also keine Not zu gegenwärtigen, aber dennoch erhebliche Sorgen, vor allem die schrecklichen Visionen und den Terror in Deutschland, die Begleitumstände meiner Flucht aus Berlin noch nicht vergessen. Ebenso belastete mich noch die Scheidung von Thea von Harbou, obgleich sie es mir doch leicht gemacht haben mußte, weil unsere Auffassungen im Persönlichen, in der Gesinnung völlig gegensätzlich waren, sie – als wir das Manuskript für *Das Testament des Dr. Mabuse* bearbeiteten – bereits als eingetragenes

Mitglied der NSDAP geführt wurde und damit kontrovers zu meiner Auffassung und – wenn Sie so wollen – meiner ›Abstammung‹ stand.

Das alles rotierte in meinem Kopf, als mich der Santa Fé-Expreß von der Ost- an die Westküste brachte, in meine neue Heimat, nach Hollywood.

MGM-Vize Selznick, der mit seiner Gattin und persönlichem Begleitstab von New York aus bereits vorausgefahren war, hatte auch bei meiner Ankunft in Los Angeles bereits am Bahnhof einen denkwürdigen Empfang arrangiert, mit Presse und Rundfunk und so weiter, und ich bezog auch eine gemütlich-geräumige Suite im GRAND HOTEL, direkt am Meer, im Santa Monica-Distrikt. Aber dennoch ...

Los Angeles, 1912 noch ein Dorf, 1915 die erste Filmstadt auf diesem Globus, hatte sich in den vergangenen zehn Jahren seit meinem damaligen Privatbesuch räumlich verändert und in seinen Ausmaßen erheblich erweitert. Der Aufstieg dieses ein Vierteljahrhundert vorher noch unbekannten Ortes mit seiner pittoresken Umgebung, dem smaragd-schimmernden Pazifik, dem ewig azurblauen Himmel, der malerischen felsigen Küste, dem reizvoll schmalen Vegetationsgürtel von tropischer Üppigkeit, eingerahmt von Sandwüste und Hochgebirge, war sprunghaft geschehen und hatte den Moloch Film in dieser paradiesischen Sonnenlandschaft eine immer größere Rolle einnehmen lassen.

Für mich gab es zunächst nur *eine* Alternative: Englisch mit amerikanischem Slang zu erlernen. Ich bat meine nächsten Bekannten und Kollegen, kein Wort Deutsch mit mir zu sprechen und in dieser altgewohnten Sprache auch nicht zu korrespondieren, las comic strips, Zeitungen, Zeitschriften, Magazine und besuchte bei jeder sich bietenden Gelegenheit Filmvorführungen, entweder in den MGM-eigenen Studiovorführungsräumen oder in den großen Lichtspieltheatern, machte Ausflüge bis in die San Bernardino- und Pedro-Täler, um Land und Leute kennenzulernen, mich mit ihren Eigenarten vertraut zu machen. Nur so war es möglich, die unterschiedlichen Dialekte – Mexiko war ja nicht weit entfernt – zu verstehen und sie dann selbst auf dem Papier in Worte umzusetzen. Frank Hope vom ›HOLLYWOOD REPORTER‹ rühmte auch bald die gemachten Fortschritte und die Schnelligkeit, mit der ein immigrierter Filmemacher in so verhältnismäßig kurzer Zeit sich zu artikulieren vermochte. Er schrieb damals, daß es lediglich Ernst Lubitsch in den frühen Zwanzigern gelungen sei, ebenso schnell amerikanisch zu sprechen, zu schreiben und vor allem zu denken.

Das Letztere bedeutete für fast alle Einwanderer aus der Film- und Theaterbranche, von Billy Wilder bis Fred Zinnemann, von Henri Koster bis Wilhelm Dieterle, anfänglich ein großes Handicap, noch mehr jedoch für die schreibende Zunft wie Heinrich und Thomas Mann, Alfred Döblin, Lion und Martha Feuchtwanger, Salka Viertel und – nach der österreichischen Okkupation durch Hitler – auch den excellenten Drehbuch-Autor Walter Reisch. Ein Glücksumstand für Lang, daß die MGM ihn nicht drängte, ihm Zeit ließ ...

Zwei Themen schwebten ihm nach der Akklimatisierung, nach der Zeit des Eingewöhnens zur Verfilmung vor: einmal das Desaster, das zum Untergang des Dampfers ›Morro Castle‹ führte und auf einer Originalstory von Oliver H. P. Garrett basierte. Das scheiterte, weil die Schiffahrtsgesellschaft ein Veto eingelegt hatte. Ebenso unrealisiert blieb das andere Projekt, die Magazin-Geschichte James Warner Bellahs ›Passport to Hell‹ filmisch umzusetzen. Als Lang auch mit einem dritten vorgebrachten Plan ›baden ging‹, eine psychologische Version des *Dr. Jekyll and Mr. Hyde*-Thrillers unter dem Titel *Der Mann hinter Dir* zu drehen, merkte er, wie schwer es bei aller sonstigen Groß- und Freizügigkeit in Film-Amerika doch war, alle noch so gutgemeinten Absichten zu verwirklichen. Endlich, am 24. September 1935, gab die Metro Goldwyn Mayer-Filmgesellschaft offiziell bekannt, daß Fritz Lang seinen ersten Auftrag als Regisseur erhalten habe. Unter Joseph L. Mankiewiczs Produktionsleitung sollte er mit einer Drehbuch-Vorlage in die MGM-Studios in Culver City gehen, zu der Norman Krasna unter dem Titel *Mob Rule* den Stoff geliefert hatte. Er war auch bereits von zwei Dialogisten, Maurice Lavine und Leonard Praskins, in Szenen aufgeteilt, von Mankiewicz, der später selbst Regisseur wurde, jedoch zurückgewiesen worden. Er setzte Fritz Lang dafür ein. Zusammen mit Bartlett Cormack übersiedelte der voller Ehrgeiz und Tatendrang seinem Regie-Start förmlich entgegenfiebernde Neu-Amerikaner zunächst ins ›Writers department‹ und entwarf einen Handlungsaufriß, ein packendes Drama, das unter dem Leinwand-Titel *Fury* heftige Diskussionen erregte.

Der Inhalt: Joe Wilson, ein einfacher amerikanischer Bürger, ist auf der Fahrt zu seiner Verlobten. Er will sie heiraten und wird unterwegs plötzlich von der Polizei angehalten. Er ähnelt einem Kindesentführer, den man gerade sucht. Auch findet man bei ihm Geldscheine, die zum Lösegeld gehörten. Wilson wird in das nächste Staatsgefängnis eingeliefert. Eine aufgebrachte Menschenmenge will gar nicht erst ein ordentliches Gerichtsverfahren abwarten, versucht das Gefängnis zu stürmen und Wilson zu hängen. Das Gefängnis wird in Brand gesteckt. Durch Zufall kann Wilson entkommen. Voller Haß versteckt er sich bei Verwandten, während die Stadt von seiner Unschuld und seine Verlobte Katharine von seinem angeblichen Tod in den Flammen erfahren. Man stellt die Rädelsführer der Lnychaktion vor Gericht. Joe Wilson, der den Triumph erleben will, seine ›Feinde‹ hängen zu sehen, wird von Katherine, die schließlich seinen Aufenthaltsort erfahren hat, dazu gebracht, vor Gericht zu erscheinen, um die Angeklagten zu retten.

Am 22. Mai des Olympiajahres 1936 wurde der 90 Minuten lange Schwarz-weiß-Streifen uraufgeführt. Die Kritiken waren gut. Nur das Thema ›Lynch-Justiz‹ paßte vielen nicht ins Konzept. Lang hatte dafür eine Erklärung:

»Wenn ich einen Film über das Lynchen drehe, kann ich nicht erwarten, daß das Lynchen aufhört. Ich kann nur meinen Finger draufhalten. Sonst sollte ich Politiker werden. Ich bin kein Wundertäter. Ich kann nur die Dinge zeigen und sagen, das ist falsch, oder wenigstens glaube ich, daß es falsch ist. Seht hierher oder dorthin. Wenn ich das mache, was allgemein als Kriminalfilm bezeichnet wird, Filme über Kriminelle, so ist es eine Kritik an bestimmten existenten Dingen. Ich will kein Rezept geben, wie solche Sachen beseitigt werden können. Das ist nicht meine Sache ...

Ich glaube, einige Leute überschätzen die Macht des Regisseurs. Es geht um Teamwork. Aber ein Regisseur hat tatsächlich Macht. Ich will Ihnen eine Geschichte erzählen. Als *Fury* beendet war, kam der Produzent aus einer Probevorstellung, rief mich in sein Büro und beschuldigte mich einer Änderung des Manuskripts. Ich sagte, wie könnte ich das Drehbuch ändern, wo ich nicht einmal Englisch spreche. Man holte also ein Drehbuch, er las es und sagte: Verdammt, Sie haben recht; aber es *klingt* anders auf der Leinwand. Vielleicht klang es anders – für ihn.«

Im HOLLYWOOD SPECTATOR lobte man Langs US-Regie-Debüt: »Was Lang zum ersten Mal in *M* gelungen ist, gelingt ihm hier wieder: Seine Typen werden zu lebendigen Menschen. Die Menschen, die bei der Lynchjustiz zugegen waren, sind jetzt Angeklagte und Zeugen. Sie sind jetzt andere Menschen, gesetzt, kritisch und selbstgerecht. Aber die Wochenschau hat den Sturm auf das Gefängnis gefilmt. Der Ankläger stellt den Zeugen diesen Film gegenüber und die selbstgerechte, untadelige Frau erscheint mit einem Male im Film als Mänade, einen Feuerbrand schwingend, bereit zum Mord. Alle nun so selbstgerechten Gesichter sind im Augenblick der Raserei festgehalten. Es ist für die Wirkung dieser Szenen gar nicht mehr wichtig, daß der Mann, der ermordet werden soll – Spencer Tracy verkörpert ihn –, im letzten Augenblick aus dem Gefängnis entkommen ist und sich verborgen hält, damit der Anführer des Mobs für seine Willensschuld der Todesstrafe nicht entgehe.«

Noch 20 Jahre später verursachte *Fury* hitzige Debatten. Grundthema: Die Gerechtigkeit und das Gesetz. In der Zeitschrift POSITIV wurde sogar ein Victor Hugo-Zitat variiert, wonach die Verwesung des Volkes der Pöbel sei. Wörtlich hieß es im Februar 1964 bei Bernhard Cohn so:

»Zwei wichtige Tatsachen scheinen einen Teil des amerikanischen Werks von Fritz Lang beeinflußt zu haben: einerseits die Teilnahme seiner Frau, Thea von Harbou, an der Naziorganisation und andererseits das Treffen mit dem deutschen Propagandaminister. Es wäre, so glaube ich, ein Widerspruch, wenn man *Fury* als einen Film betrachtet, der sich in den Kontext des amerikanischen sozialen Films einreiht der Jahre 1935-1940 (MODERN TIMES, THE GRAPES OF WRATH). Lang gibt dem Phänomen des Lynchens keine einzige gesellschaftliche Begründung. Er zeigt im Gegenteil die beiden Hauptpersonen mit relativer Leichtigkeit eine Beschäftigung finden, was a foriori jede Beziehung zu einem mehr oder weniger akzentuierten Krisenzustand ausschließt. (Man hat erstaunliche statistische Bezüge zwischen der Zahl der Lynchfälle an Negern und der Entwicklung des Baumwollpreises festgestellt). Das Phänomen wird, wenigstens bei Lang, auf ganz andere Art erklärt und dient ihm, auf seine Art von durch die Hitlerdiktatur aufgekommenen und ähnlichen in den USA begangenen Vorkommnissen zu berichten.« Weiter hieß es:

»Es ist kein Zufall, wenn der erste Film, den Lang in den Vereinigten Staaten drehte, zu einem großen Teil während eines Prozesses handelt. Lang wollte es nicht bei einem negativen Akt gegen das Naziregime bewenden lassen, und wenn er ein »historischer« Deutscher ist, so ist er es auch durch eine bestimmte Geisteshaltung. Nichts ist im Kino häufig langweiliger, wie man weiß, als ein von einem mittelmäßigen Regisseur gefilmter Prozeß. Dieser hier aber denkt, daß ein Kopf eines Richters, des Staatsanwaltes oder des Verteidigers genügend innere Qualität besitzt, um sich dafür interessieren zu müssen. Ebenso werden die Reaktionen der Zeugen wie die des Publikums wirkliche Schauspiele für sich.

Sicher filmt Lang – ebenfalls und vor allem – die Ereignisse des Prozesses, aber hauptsächlich, um davon zu profitieren, um Prinzipien zu bezeugen, die er in sein eigenes System integriert. Der Prozeß gegen die Lyncher Joe Wilsons lädt uns tatsächlich ein, uns über eine Studie der Legalität in ihrer Beziehung zum Individuum zu beugen. Die fundamentale Ehrlichkeit seziert jede Phase des Prozesses. Lang häuft die Beweise für seine eigene Demonstration wie der Staatsanwalt sie gegen die Angeschuldigten sammelt. Eine Einstellung zeigt uns, daß der Regisseur nicht mit Abstraktionen jongliert: es ist jene, die ein aufgeschlagenes Gesetzbuch zeigt, auf dessen Seite sich ein numerierter Gesetzesparagraph befindet, genauer gesagt Nr. 527. Obwohl man daran denken könnte, vergöttert Lang nicht in dem Sinne wie beispielsweise Hugo in einem nicht betitelten Gedicht, das er 1872 in Hauteville-House schrieb: »Schrecklicher, legaler Mord, dieser unheilvolle, unverschämte.« Lang erkennt das Gesetz in seiner Existenz so weit an, wie es die Menschen und ihre Repräsentanten ebenfalls anerkannt haben. Man kann sich also über Langs tiefen Gedanken nicht täuschen: die Menschen sind allein verantwortlich für die Gültigkeit ihres Gesetzes. Aber man muß vor allem den denunzierenden Pessimismus unterstreichen, den Lang durch die Stimme von Joe Wilson zur Geltung bringt. Dieser weiß, daß das Gesetz grausam ist, aber man die Konsequenzen ertragen muß, deren unwiderlegbarer Ablauf die höchste Absurdität streift. Das bedeuten die wenigen Worte, die Wilson am Ende des Films an den Richter richtet.«

Mit *Fury* hatte es Lang, der sich die musikalische Illustration von einem Auch-Emigranten, dem Berliner Franz Waxmann, komponieren ließ und neben dem damals jungen Spencer Tracy als weibliche Partnerin in der Katherine-Rolle die attraktive Sylvia Sidney vor die Kamera Joseph Ruttenbergs stellte, trotz der Debattierfolge geschafft: Sich auch in der amerikanischen Filmindustrie durchgesetzt und einen Namen gemacht zu haben. Trotz erheblicher Schwierigkeiten und völlig neuer Arbeitsmethodik. In Berlin und nach seiner Hals-über-Kopf-Flucht nach Paris konnte er dank Pommers Verständnis für künstlerische Belange und Großzügigkeit die Darsteller so lange in der Dekoration bzw. im Freigelände vor der Kamera führen und korrigieren, bis die Bildfolge überzeugte.

Bei MGM war das ganz anders. Das ›Front Office‹, die Firmen-Bosse also, verlangte nach einem ungeschriebenen, aber von den Gewerkschaften stillschweigend sanktionierten Gesetz, den Schauspielern in einem Probe-Durchlauf zu erklären, wie sie zu agieren und die Szene dann ohne Verzögerung zu drehen hätten, ihnen darüber hinaus Verschnaufpausen für die Einnahme von Erfrischungen und Snacks zu gewähren. So kam es natürlich zu Spannungen. Und schnell hatte Fritz Lang seinen Spitznamen weg: »Der Preuße«, ähnlich wie vor ihm schon der extravagante Erich von Stroheim, ebenso wie Lang Ex-Österreicher und Monokelträger, in der Zelluloid-Branche als Atelier-Tyrann verschrieen. Nicht zu unrecht, wie man ihm, der in Wien als Sohn eines Dragoner-Obersten und einer Hofdame der Kaiserin Elisabeth zur Welt gekommen war und mit vollem Namen Erich Oswald Hans Carl Maria Stroheim von Nordenwald hieß, in Hollywood nachsagte. Zwei Beispiele, wie er sich unbeliebt machte: Einmal ließ er ein ganzes Studio der PARAMOUNT mit Darstellern und vielköpfiger Statisterie kostbare Stunden warten, weil in einer Dekoration ein einziger von vielen Schornsteinen nicht drehbuchgerecht rauchte, und ein andermal ließ er eine Szene, die in der glühenden Sandwüste von Death Valley spielte. so lange wiederholen, bis sie ihm realistisch genug erschien. Fast sämtliche Schauspieler waren hinterher körperlich und nervlich so mitgenommen und erschöpft, daß die Aufnahmen wochenlang unterbrochen werden mußten und Stroheims Film *Gier* 1923 neun Monate Drehzeit beanspruchte.

Daß Louis B. Mayer, der ›big shot‹ der MGM, mit einem solchen Manne nicht auskommen konnte, lag auf der Hand. Er schloß nie wieder einen Vertrag mit ›Von‹, wie man Stroheim zu nennen pflegte, der aber dennoch als einer der größten Regisseure galt, wie David W. Griffith, René Clair, G. W. Pabst und – last but not least – jetzt eben auch Fritz Lang, der nach dem *Fury*-Erfolg sofort ein neues Regie-Angebot erhielt. Und zwar von dem unabhängigen Produzenten Walter Wanger.

Der Perfektionist

Walter Wanger wußte, warum er Lang von der MGM loseiste und für sich engagierte! Erst zwanzig Jahre später holte ihn die Produktionsfirma mit dem brüllenden Löwen als Erkennungssymbol zurück. Denn *Fury* war ein Markenzeichen für den ›Preußen‹ geworden, die ›Dream Factories‹ am Pazifischen Ozean lobten ihn über den grünen Klee. Auch im Ausland machte dieses Drama Furore. In Paris wurde es sogar triumphal gefeiert. Der CLUB DE FAUBOURG hatte im ›Olympia‹ sogar eine Matinee organisiert, reserviert für die literarische und juristische Welt. In deren Verlauf wurde eine Debatte über das Thema ›Kann die öffentliche Meinung Gerichtsentscheidungen beeinflussen?‹ abgehalten.

Wie stark die Resonanz im Herstellerland war, bewies die Ankündigung Wangers, einen Film zu produzieren, dessen Regisseur niemand anderer als der *Fury*-Macher sei. Auch die Verleihfirma, die einst von Charles Chaplin, Douglas Fairbanks und Mary Pickford gegründete *United Artists*, annoncierte das Engagement des erfolreichen USA-Debutanten. In großen Lettern war auf den Ankündigungs-Waschzetteln zu lesen: ›Directing: Fritz (*Fury*) Lang‹.

Der entschied sich für ein Thema, das Graham Baker nach einem Sujet von Gene Towne filmisch aufbereitet hatte. Der Titel: *You only live once*, in Deutschland später unter *Gehetzt* angelaufen und bekannt, Inhalt:

Eddie Taylor, mehrfach vorbestraft, versucht, nachdem er in Joan seine zukünftige Ehefrau gefunden hat, ein neues Leben zu beginnen. Er wird in einer Tankstelle angestellt. Jedoch alle mißtrauen dem Vorbestraften. Sein Chef bezichtigt ihn eines Fehlers, den ein anderer begangen hat, und entläßt ihn in dem Augenblick, als die Rate für Eddies neues Häuschen fällig ist. Kurze Zeit später wird er angeklagt, mit seiner alten Bande einen

Hier wird abkassiert: Szene aus Fritz Langs zweitem Hollywood-Film »You only live once« (»Gehetzt«), in dem Henry Fonda einen Gangster spielt

Einbruch begangen zu haben, bei dem ein Mensch getötet wurde. Er will sich der Polizei stellen, um seine Unschuld zu beweisen, wird aber zum Tode verurteilt. Es gelingt ihm, aus dem Gefängnis zu fliehen. Als der Anstaltsgeistliche ihm verkündet, das Gericht sei von seiner Unschuld überzeugt, erschießt Eddie ihn, weil er an einen Trick glaubt. Gemeinsam mit Joan flieht er zur mexikanischen Grenze. Beide werden getötet, nachdem Joan entbunden hat. Wenige Meter vor der Grenze sinken sie getroffen zusammen.

›Sie‹, das waren in diesem Falle Henry Fonda (als Eddie Taylor) und Silvia Sidney (als Joan Graham).

Lang setzte in diesem Film eine schon in Deutschland praktizierte Gewohnheit fort, Darsteller oder Stab-Mitglieder für den nächsten zu übernehmen und zu verpflichten, wie in den Babelsberger und Staakener Ateliers mehrere Mal etwa den Harbou-Ex-Gatten Rudolf Klein-Rogge (*Dr. Mabuse, Der Spieler, Nibelungen, Metropolis, Spione* und *Das Testament des Dr. Mabuse*), Gerda Maurus und Willy Fritsch in *Spione* und *Frau im Mond*, in dem gleichen Streifen ebenso Fritz Rasp (zusätzlich auch noch in *Metropolis*) und in fast allen Berliner Produktionen den ausgezeichneten Chargenspieler Georg John (u. a. als blinder Bettler in *M*).

Sylvia Sidney und Henry Fonda in dem 1936 von Fritz Lang in Hollywood gedrehten Love-and-Crime-Film »You only live once« (»Gehetzt«). Rechts im Bild: William Gargan und Barton Mac Lane.

In *You only live once* war nach *Fury* Sylvia Sidney erneut Langs Hauptdarstellerin, im nächsten, seiner dritten USA-Schöpfung *You and me*, ebenfalls. Auch Henry Fonda war später erneut dabei.

Der erinnerte sich an Langs akribische Arbeitsweise. »Sein Hang für Detailgenauigkeit hat uns fast zur Raserei gebracht«, erzählte er später, jedoch eher anerkennend und lobend als kritisierend. »Ich denke dabei an eine Szene, in der er immer wieder aufs neue Bestecke auf einem zum Essen arrangierten Tisch ordnete. Sie begann mit einem Insert einer Heiratsurkunde, dann ging die Kamera bei einer Fahraufnahme zurück auf die Dessertteller mit einem schmutzigen Löffel und Eiscreme. Erst dann sollten Sylvia und ich ins Bild kommen. Diese Sequenz konnten wir uns zunächst schenken. Denn den ganzen Tag über nahm der Meister nur die Dessertteller auf . . .«

Auch hier wieder zum Ärger des Produzenten, dessen Maxime hieß: ›Time is money‹. Lang hielt dem entgegen, daß eben alles stimmen müsse, auch wenn es sich um tote Gegenstände handele. Er verwies auf eine ähnliche Phase aus seinem *M*-Film, in der Ellen Widmann vergeblich auf die Heimkehr ihrer schulpflichtigen, von der heutigen Synchronsprecherin Inge Landgut gespielten Film-Tochter Elsi am gedeckten Mittagstisch wartet und die zu einem sogenannten Stilleben breit ausgewalzt wurde.

Aber gerade die Detailarbeit Langs fand in Kritikerkreisen Anerkennung. Der französische Cinéast Jean Douchet lobte in einem mehrspaltigen Artikel ›Le Vrai Coupable‹ (Der wahre Schuldige), daß Lang-Inszenierungen mit dem Wirken einer Spinne vergleichbar seien, die ihr Netz webe. Dahingehend nämlich, daß alles seinen ›verwickelten‹ Sinn habe. Ein Bild, in dem jedes Ding sich an einem seit allen Zeiten bestimmten Platz befindet, bestimmte das nächste. Der Autor verglich in ›Cahiers du Cinéma‹ Langs zweite USA-Regie-Arbeit mit vorherigen Filmen und schrieb wörtlich:

»*You only live once* ist vielleicht der poetischste Film von Lang zusammen mit *Liliom*. Bestimmte Szenen haben ihren wesentlichen Wert durch ihren Jurismus, während bei Lang die Poesie nur die dramatische Notwendigkeit überbietet, z. B. die sehr schöne und überraschende Parabel der Frösche, die vor den beiden schmachtenden Liebenden quaken und von denen uns gesagt wird, daß der eine stirbt, wenn der andere auch stirbt. Das annonciert die Zukunft unseres Paares, ist aber keinesfalls in dramatischer Hinsicht unentbehrlich. Ebenfalls erklärt sich die Wahl der Landschaften, die sich durch düstere, vom Regen verwandelte Ebenen schlingenden Straßen, die großartigen, dichtbelaubten, sicherlich im Studio nachgebildeten Wälder, vor allem aus Gründen der plastischen Ordnung...«

Weiter hieß es in dem französischen Text: »Der Film ist auf drängendes Tempo geschnitten, die Spannung läßt nicht aus. Dennoch sind Landschaft, Himmel und Laut nur verwendet, um die Stimmung der einzelnen Szenen zu intensivieren. Eintöniger Regen untermalt den Bankraub, dessen der eben aus dem Gefängnis Entlassene unschuldig verdächtigt wird. Ziehende Nebel hüllen den Ausbruch aus dem Gefängnis ein, in das der irrtümlich zum Tode Verurteilte eingeliefert wurde. Ein nächtlicher Froschweiher ist der Hintergrund für eine zärtliche Liebesszene, und an einem sumpfigen Flußufer spielt das blutige Ende, das unaufhaltsam aus der Handlung folgt: der unschuldig verurteilte Flüchtling hält den Priester, der ihm auf der Flucht mitteilt, er sei begnadigt, für einen Häscher, der ihn belügt. Er tötet ihn und flieht, bis er schließlich, rastlos von Stadt zu Stadt gejagt, erschossen wird.«

Langs Regiestil inspirierte auch die Arbeit seiner Kollegen. Joseph Lewis machte ihn sich in seinem *Gun Crazy* zunutze. Denn in seinem Krimi waren, wie in Langs *You only live once,* Auflösung und Moral identisch: Bert Tare und Annie Laurie Starr werden, wie Eddie und Joan durch die Polizei verfolgt und sind, wie sie, aneinander gefesselte Mörder. Hier wie da will die Gesellschaft die Liebe töten, aber sie triumphiert...

Das Gesetz, daß aller guten Dinge drei sind, beabsichtigte

Lang bei einer dritten Hollywood-Firma zu untermauern. Mit einem Film, der sich – wie die beiden Vorläufer – erneut auf kriminalistischer Ebene bewegte. Wie in *Fury* hatte auch diesmal Norman Krasna das Thema vorgeschlagen. Genau wie in dem Lynch-Drama hatte er, zwei Jahre später, einigen Leuten in Hollywood erzählt, wie er sich die Handlung seines neuen Stückes vorstelle, das er zu schreiben gedenke. Er kam jedoch nie dazu, sich damit an die Schreibmaschine zu setzen und es detailliert festzulegen. Die PARAMOUNT, Ernst Lubitschs amerikanischer Arbeit- und Brötchengeber, kaufte die mündliche Erzählung auf und ließ sie von Virginia Van Upp szenisch aufgliedern. (Die »Mode«, die Sujets zu erzählen, wirbelte in Hollywood unter den Szenaristen nicht unerheblichen Staub auf, wurde aber hier und da fortgesetzt, wenn auch mit wechselndem Erfolg.)

Man hat diesen *You and me* genannten Film später als den zweifellos unbekanntesten verkannten Langs bezeichnet. Er nahm gewissermaßen das Thema von *You only live once* wieder auf: Eine junge Frau, die von Sylvia Sidney verkörperte Helen Roberts, ist vorbestraft. Mit Joe (gespielt von George Raft), versucht sie, sich wieder einen Platz an der Sonne zu erkämpfen: Beider Vorstrafen sind zur Bewährung ausgesetzt. Nun arbeiten sie in einem großen Kaufhaus zusammen mit 500 in der gleichen Lage, denen man eine Chance zu geben versucht.

Im Gegensatz zu seinen ersten beiden Filmen mit sozialem Einschlag versuchte Lang diesmal, die Spannung mit komödiantischem Touch zu deuten, durchsetzt mit viel Musik und ebenso vielen Songs. Als Komponisten hatte er auch diesmal – nach Franz Waxmann bzw. Alfred Neumann in den beiden vorausgegangenen Produktionen – einen eingewanderten deutschen Liedermacher ausgewählt: Kurt Weill, der in Berlin, mit Bert Brecht als Autor, durch seinen völlig neuen Sound die *Dreigroschenoper* zum Riesenerfolg geführt hatte.

Lang glaubte mit dem Engagement des Lotte Lenya-Gatten einen besonders glücklichen Einfall gehabt zu haben. Es gab aber nur Verrisse. Dafür ein Beispiel aus Frank S. Nugents Rezension in der »*New York Times*« vom 4. Juni 1938, einen Tag nach der amerikanischen Uraufführung:

»Das Ensemble ist nicht nur konfus, sondern langweilig, weich, fade. Ebenso fade wie die sentimentale Sängerin, gesäuselt von der blonden Carol Paige. Ebenso fade wie der Originaltitel *You and me*... Lang hat sich hier und da an Gesangseinlagen versucht, die originell sein wollen, an Stilübungen über die Kontrapunktik Bild-Ton, wie die Eröffnungsmontage, wo sich kalifornische Pfirsiche, Schmuck, Parfum, Flugzeuge und »bathing beauties« mischen... Sie verflachen bald und sind im Zusammenhang mit dem Übrigen auch fehl am Platze.«

Der Flop hatte Folgen: Über zwei Jahre lag der vorher so gelobte Fritz Lang »auf Eis«. Ein Paradoxon in dem Landstrich, in dem nur die Sonne scheint. Das ganze Jahr über... Er machte das, was ein Reklameslogan einer weltbekannten amerikanischen Getränkefirma Tag und Nacht in den Zeitungen, im Radio und Fernsehen Lesern, Hörern und Zuschauern empfiehlt: Mach' mal Pause!

Zusammen mit Kenneth Mac Gowan, einem Anthropologen und Archäologen, unternahm er eine mehrmonatige Erkundungsreise im Auto durch den gesamten amerikanischen Südwesten bis an die mexikanische Grenze, studierte die indianische Kultur, kampierte im Lager der Rothäute, schmauchte mit ihnen die Friedenspfeife und war sich klar, daß er dieses reizvolle Milieu einmal, entsprechend dramatisiert, filmisch verarbeiten würde. Carl Zuckmayer, aus einem Exil in Vermont zu (allerdings erfolglosen) Vertragsbesprechungen nach Hollywood eingeladen, ermunterte ihn dazu.

Zunächst aber hatte er sich mit einem Thema zu befassen, das ihm Darryl F. Zanuck von der 20th *Century Fox* drehfertig unterbreitete. Lang griff zu. Aus zweierlei Gründen:

Einmal war es der erste Western-Stoff, den man ihm offerierte und zum anderen brauchte er Geld. Denn die nahezu zweijährige Abstinenz vom Zelluloid hatte auch seine finanziellen Reserven angegriffen. Er verheimlichte es gar nicht, hielt es aber mit Somerset Maugham, der einmal schrieb, daß auch der Künstler das Recht habe, Geld zu verdienen.

Außerdem liebte er – wie er zugab – den Western. Begründung: Dieses Genre besitzt eine sehr einfache Ethik. Die Geschichte des Films, zumindest die des Trivialfilms, besäße gewiß eine weitaus geringere Faszinationskraft, hätten nicht die Amerikaner die Historie von der Kolonisation des Westens mit eingebracht. Die Legenden von den rauhen Pfadfindern, Cowboys und Farmern sind ja auch bis heute nicht verschlissen, obwohl Hollywood nicht eben sanft und respektvoll mit ihnen umgegangen ist. Unzählige Male wurden die Stories von Buffalo Bill, Billy the Kid, Wyatt Earp und vielen anderen aufbereitet, ohne jemals das Interesse des großen Kino-Publikums zu verlieren, eher schon zuweilen das der Produzenten und Regisseure, aber auch das nur für kurze Zeit.

Nichts konnte dem Western etwas anhaben. Der Mythos, zu dem die Geschichte des Wilden Westens geronnen ist, ist auf der Kinoleinwand so lebendig geblieben wie vor bald achtzig Jahren, als der erste wirkliche Western über die damals noch stumme Leinwand zitterte, später auch tönend: Edwin S. Porters *The Great Train Robbery*.

Auf die erstaunliche Lebendigkeit dieses Genres spekulierte auch Zanuck, assistiert von seinem Co-Produzenten Kenneth MacGowan. Sie hatten sich von Sam Hellman einen Handlungsablauf tippen lassen, der auf den 1938er Jesse James-Vorgänger *Le Brigand Aimé* bezug nahm, Western style aufzuweisen hatte und schon wegen dieses reizvollen Kolorits in Farbe produziert werden sollte.

Für Lang eine völlig neue Situation, denn bisher hatte er alle seine Filme schwarz-weiß produziert. Die Bedingungen wurden schriftlich fixiert, der Vertrag bald unterschrieben, und zum Jahresbeginn 1940 fiel dann auch die erste Klappe!

Sieben Wochen nahmen die Aufnahmen in Anspruch. Dann präsentierte die *Cent Fox* einen 92-Minuten-Farbfilm, der den Titel *The Return Of Frank James* trug – und ein künstlerischer wie geschäftlicher Hit wurde. Auch der anspruchsvolle Jean Luc Godard lobte ihn in seiner Pariser Analyse:

»Die Inszenierung durch Fritz Lang ist von einer Präzision, die an Abstraktion grenzt. Beim Schnitt überwiegt die Intelligenz die Sensibilität. Fritz Lang interessiert sich mehr für eine Szene im Ganzen als für eine Detaileinstellung, wie Hitchcock es beispielsweise macht. Ein einziges Bild definiert bereits die Lang'sche Ästhetik: ein Polizist stellt einen flüchtigen Banditen, um ihn zu töten. Um den unabänderlichen Aspekt der Szene zu unterstreichen, setzt Lang auf das Gewehr ein Zielfernrohr, wie

Henry Fonda und Jackie Cooper (links) in Fritz Langs »The return of Frank James« (»Rache für Jesse James«, 1940)

man es bei Präzisionswaffen findet; der Zuschauer fühlt sofort, daß der Polizist *nicht* vorbeitreffen *kann* und daß der Flüchtende mit mathematischer Sicherheit sterben muß.

Wenn *The Return Of Frank James* mit einem Happy-End aufhört, im Gegensatz zu sehr vielen anderen Filmen Langs, sollte man darin keine Konzession an die amerikanische Zensur sehen. Hinter dem Moralischen findet Fritz Lang den sündigen Menschen, was seine Bitterkeit erklärt. Aber jenseits des Sünders ist es die Studie des regenerierten Menschen, der den germanischsten der amerikanischen Regisseure am meisten berührt. Wenn der scheue Individualist Frank schließlich sein Glück findet, dann nur, nachdem er erst *moralisch* für seinen Schmerz entschädigt worden ist.«

Auch die deutsche Kritik war positiv ... allerdings erst, nachdem Lang-Filme aus Amerika überhaupt wieder in seiner alten Heimat verliehen wurden. Und das war erst sieben Jahre nach dem zweiten Weltkrieg der Fall. Nicht alle, denn weder *Fury* noch *You And Me* liefen hier an. Dafür *Frank James* (»Rache für Jesse James«), vom WIESBADENER KURIER so besprochen:

»Vielleicht war es gerade die Alltäglichkeit des Stoffes, die Fritz Lang dazu verlockte, seinen persönlichen Gestaltungswillen zur Geltung zu bringen. Denn was er aus diesem Film gemacht hat, ist in der Tat sehenswert. Sein Einfluß offenbart sich in der Vermeidung billiger Effekte, namentlich in der Auffassung der Schlußszene. Pointierte Dialoge sprühen von echtem Humor, der sich zu überraschender Satire und Persiflage steigert. Die Verhandlung über den angeblichen Mörder ist eine wirklich köstliche Parodie auf die Gerichtsverhältnisse der achtziger Jahre.«

»Die ›epics‹, die Lang im *Frank-James*-Western mit Maleraugen so großartig einzufangen und handlungsverdichtend einzubauen vermochte, ermunterten die *Cent Fox*, noch im gleichen Jahre ein ähnliches Thema nachzuschieben, mit historischem Hintergrund. Ein Buch von Zane Grey, dem englischen Karl May, bildete die Grundlage. Es erzählte von Männern, die im Jahre 1861 die ersten Telegraphenmasten im Westen errichteten. »Einem einfachen Stück Telegraphendraht«, hatte der Romanautor dem Buch als Widmung vorangesetzt. Es sollte die Arbeiter ehren, deren Beruf es war, ein Stück Draht an ein anderes Stück Draht zu knüpfen. Noch ehe die Eisenbahnschienen das Land durchzogen, forderte die Installation der telegraphischen Fernverbindung ähnliche Opfer, wie sie Cecil B. de Mille in seinem *Union Pacific*-Großfilm (Bau der transkontinentalen Eisenbahnverbindung) und Frank Lloyd in *Wells Fargo* (Pony-Expreß und Postkutschenlinien) so meisterhaft geschildert hatten. Lang gelang nun mit seinem *Western Union* betitelten Edel-Western ein bemerkenswerter dritter Wurf. Die Unendlichkeit des amerikanischen Kontinents bildete den Hintergrund, den Edward Cronjager mit seinem für Technicolor zuständigen Assistenten Allen M. Davey in großartigen Panorama- und Detailaufnahmen einfingen.

Die Handlung selbst spielte eine nicht so wesentliche Rolle: »Der Bandit Vance Shaw, der Edward Creighton einmal das Leben gerettet hat, bekommt von diesem eine gute Stellung bei der Western Union, einer Telegrafengesellschaft, für die Creighton eine neue, durch das Gebirge verlaufende Linie baut. Vance, der sich als guter und loyaler Arbeiter erweist, verfolgt eines Tages eine Bande von Viehdieben, als deren Anführer er seinen ehemaligen Komplizen Jack Slade erkennt. Er läßt ihn unter der Bedingung, seine Vergangenheit nicht zu verraten, laufen. Slade steckt das Lager der Western Union in Brand, nachdem er Shaw herausgeholt hat, um ihn zu retten. Im Lager wird Shaws Abwesenheit als Beweis seiner Schuld gewertet. Shaw entdeckt seine Kollegen, darunter seinen Rivalen Blake, der ebenfalls Creightons Schwester liebt, glaubt, daß Slade sein Halbbruder ist, den er jetzt endlich töten will. Aber Slade ist schneller und tötet Vance. Dieser wird von Blake gerächt, der dadurch die Liebe des Mädchens gewinnt.«

Den dramatischen Höhepunkt dieser Rahmenhandlung mit ihren finanziellen und politischen Machtkämpfen und Intrigen

Auch im Western-Milieu war Fritz Lang bald zuhause! Unser Foto zeigt eine Szene aus dem 1940 entstandenen Film »Western Union« – »Der Überfall der Ogalalla« mit Randolph Scott (Bildmitte, weißes Hemd).

hinter den Kulissen, den Schwierigkeiten und Strapazen bildete jene Szene, in der eine Bande von fünf Mann im Auftrage einer imaginären Gruppe die Telegraphenbauer in Schach hält, Ogalalla-Indianer gegen sie aufhetzt, die Viehvorräte stiehlt und schließlich das Lager in Brand steckt. Wie schon in *Frank James* hatte Producer Harry Joe Brown auch diesmal ein üppiges Budget bereitgestellt. Man drehte wieder in Kanab im Staate Utah, hatte dort eine Geisterstadt bauen lassen, die im Verlaufe der Handlung ein Raub der Flammen wurde. Allein für diese Phase hatte die »FOX« einen ›Special Effects‹-Mann engagiert, neben den ohnehin aufgebotenen 150 Darstellern und Stab-Mitgliedern.

Zu dieser Zeit knauserte man auch in Hollywood noch nicht mit dem Dollar. Man schrieb Ende 1940. Und damals waren die Amerikaner ja noch nicht im Krieg.

Auch als der Film am 7. Februar 1941 uraufgeführt wurde, war es für die Yankees noch nicht zu kriegerischen Kampfhandlungen gekommen. Man war wieder überrascht, wie ein Ausländer die amerikanische Mentalität, ein Stück amerikanischer Geschichte so wirklichkeitsgetreu im Film zu realisieren vermochte.

Dazu Lang selbst: »Man hat mich in den USA gefragt, wie ich das amerikanische Milieu so wahr, so echt gestalten konnte. Einmal schrieb mir sogar eine Gruppe von vierzig »old-timers«, die selbst noch die Pionierzeit miterlebt hatten, und beglückwünschten mich. Denn genau so wie in *Western Union* sei es wirklich gewesen. In Wirklichkeit war es gar nicht so. Aber die alten Männer, die da heute im Städtchen Flagstaff mitten im Autolärm an die guten alten Zeiten der Überlandkutsche zurückdenken, träumen und *wollen*, daß es so war. Ich habe nicht die historische Wahrheit, sondern ihren Traum zu gestalten versucht. Phantasievorstellungen von einer Zeit, in der es noch mehr Freiheit und Ritterlichkeit und Abenteuer gab als heute. Deshalb mache ich auch Wildwestfilme nicht ungern. Das Milieu ist ja nur ein Vorwand. Vor seinem Hintergrund können Konflikte gezeigt werden, die »tabu« wären, wenn sie im Kostüm unserer Tage verfilmt würden. Die Geschichte hat sich in Zeiten wachsender Meinungsfreiheit stets als Freundin des Künstlers erwiesen.

Das einsame Individuum im Kampf gegen Gesetze und Konventionen, das interessiert mich. Dumas oder Balzac, ich weiß nicht mehr welcher, hat gesagt: »Wenn man mich anklagte, die Türen von Notre Dame gestohlen zu haben, würde ich fliehen und mich außerhalb Frankreichs verteidigen«. Alle können nicht immer fliehen... Wissen Sie, daß ich der erste war, der die Indianer mit ihrer Kriegsbemalung bemalt hat? Niemand hatte jemals daran gedacht. Gleichzeitig habe ich auch die Pferde bemalt.«

Besonders wurde Langs Arbeit von den Film-*Technikern* beobachtet und gewürdigt zugleich. Im HOLLYWOOD REPORTER hieß es wörtlich: »Die Einstellungen sind außerordentlich akademisch und von dramatischer Wirksamkeit. Wir wollen als Beispiel nur die verbrannte Wand nennen, die langsam an einem Türpfosten heruntergleitet, den fatalen Ausgang eines Revolverduells reflektierend. Wir können auch nicht die Einstellung vergessen, die den Kopf eines Diebes durch die Speichen eines Wagenrads zeigt, der in der Nacht auf die Rede Creightons lauscht, welcher seinen Mitarbeitern das baldige siegreiche Ende der Expedition der Western Union ankündigt.

Die Einstellwinkel sind immer berechtigt und recht ausdrucksvoll. Das Rodeo, dem der junge Blake sich unterziehen muß, das Herankommen der Wagen durch die steinige Wüste, sind von unten aufgenommen worden. Die Helden, die das uns erzählte Abenteuer erleben, wirken dadurch größer. Die Waldbrandszenen sind ausgezeichnet und geben bestens die Erschöpfung der dagegen ankämpfenden Helden wieder. Von charmanter Ironie sind die tiefliegenden Einstellungen bei der Einweihung der Telegraphenlinie.

Die Verwendung des Lichts erinnert daran, daß Fritz Lang einer der Meister des deutschen expressionistischen Films war. Erinnern wir uns dabei an die Bilder des Brandes und an die Lichtreflexe, die in Groß- oder amerikanischen Einstellungen die aufgenommenen Gesichter modifizieren.«

Kriegsjahre

Die kriegerischen Ereignisse auf dem schon in Flammen stehenden Kontinent Europa hatten jetzt auch die Vereinigten Staaten berührt, durch das Pacht- und Leihgesetz von Roosevelt und Churchill protokollarisch besiegelt, war auch formell bereits Stellung bezogen worden, welcher Tendenz sich der amerikanische Film thematisch zuzuwenden habe. Lang hatte sich schon lange darauf eingestellt, Hitlers unheilvolle und unmenschliche Politik filmisch ins rechte Licht zu rücken. Bereits 1939 hatte er zusammen mit Jonathan Latimer ein ›screenplay‹ entworfen, das den beziehungsreichen Arbeitstitel *Men Without A Country* trug und als erstes amerikanisches Anti-Nazi-Projekt Hollywoods bezeichnet wurde. Die PARAMOUNT realisierte es seinerzeit (noch) nicht. Erst mit dem Einmarsch der deutschen Truppen in Rußland ließ man alle bisher angewandte Rücksicht fallen und bezog eindeutig Stellung gegen den deutschen Diktator und seinen Terror. Wieder war es die CENTFOX, die Fritz Lang durch ihren Produzenten Kenneth MacGowan animierte, Dudley Nichols' nach Geoffrey Households Roman *Rogue Male* aufgearbeitetes Drehbuch zu verfilmen. Der Titel stand auch bereits fest, als man in die Studios ging: *Man Hunt*, »Menschenjagd«. Der Film stellte das Problem des menschlichen Verhaltens im Kriege dar, den Menschen, der plötzlich zwischen Legalität, Anarchie und seiner eigenen Moral wählen muß.

Auf *Man Hunt* transponiert, sah das so aus: Captain Throndike, ein passionierter Jäger, kommt bis auf kurze Entfernung an Hitlers Berchtesgadener Quartier heran und versucht, sein Gewehr auf den Führer anzulegen. Es ist die Zeit kurz vor Ausbruch des Krieges. Natürlich wird er sofort von der SS verhaftet, die ihn zu dem falschen Geständnis zwingen will, die Engländer hätten ihn mit dem Attentat beauftragt. Throndike weigert sich, das schon vorbereitete Geständnis zu unterschreiben, und man stürzt ihn einen Abgrund hinunter. Wie durch ein Wunder gelingt es dem Engländer, sich zu retten. Er schafft es, zurück nach England zu kommen. Er schüttelt seine Verfolger, die ihm bis nach London auf den Fersen geblieben waren, mit Hilfe einer jungen Frau ab, tritt in die britische Luftwaffe ein und läßt sich über Deutschland mit dem Fallschirm absetzen, um diesmal wirklich den Führer Adolf Hitler umzubringen.

Lang legte das so aus und filmisch so an, daß der Jäger beim ersten Mal Hitler nicht tötet, weil dieser nicht bewaffnet ist, und obwohl er weiß, daß der braune Diktator den Tod tausendfach verdient. Seine eigene Moral verbietet es. Er will lieber das Opfer der Nazis sein als ihr Henker, und kommt doch wieder, um Hitler legal zu töten.

Das war einer der seltenen Fälle, in denen der Regisseur auf der Seite der etablierten Ordnung stand. Sie wurde in *Man Hunt* von der Armee als Organ des kollektiven Kampfes dargestellt.

Sozusagen mit ›harten Bandagen‹ wurde dann in *Hangmen Also Die* operiert. Die Story bezog sich auf die Schreckensherrschaft des sogenannten Reichsprotektors Heydrich in Prag, entworfen von Fritz Lang und Bertholt Brecht. Der hatte – wie viele andere deutsche und später europäische Emigranten – noch vor dem offiziellen Eintritt der Vereinigten Staaten in den Krieg 1940 das rettende Ufer in Übersee erreicht. Der Augsburger Dramatiker ließ sich in Hollywood nieder, oder, wie er immer betonte, in Santa Monica, einem Städtchen, fünf Meilen von Hollywood entfernt, wo auch Thomas und Heinrich Mann wohnten. Hier fand er ein altes aufgestocktes Ranchhaus mit einem Garten von südlicher Üppigkeit.

Brecht sollte einige Jahre Ruhe finden. Er hat sich immer dafür entschuldigt, daß er in Hollywood lebte. »Ich hatte kein Geld und also keine Wahl«, schrieb er, und: »Wir leben in einer würdelosen Stadt«. Er mußte versuchen, mit dem Schreiben von Filmszenarien Geld zu verdienen. Er entwarf Filme zusammen mit Vladimir Pozner, Fritz Kortner, Eric Bently und Fritz Lang, erlitt aber einen Fehlschlag nach dem anderen:

252 CONTINUED   O.K.

    CAMERA PULLS BACK to reveal Haas, Ritter and Gruber, listening avidly. Nearby sits technician with earphones over head, operating rheostat dials.

                    MASCHA'S VOICE
        My whole family is suffering for what
        you did! They're still there! You're
        the one the Gestapo wants! You killed --

    Gruber and Haas look at each other triumphantly. But Mascha's voice stops suddenly; continues falteringly, softly:

                      MASCHA'S VOICE
        -- any feelings I - I ever had for you!

    Dismayed, Gruber and Haas stare at each other. Mascha's voice continues, searching for words, voice tightening:

                      MASCHA'S VOICE
        [I'll never be able to forget!] To think
        all we've been through -- merely because
        you spent a night here - Mr. Vanek!
            had a

    Gruber and Haas are unable to believe their ears. Ritter wants to say something - but Gruber motions him to be quiet.

INT. NOVOTNY HOME: FOYER   - SVOBODA AND MASCHA

253   Svoboda talks rapidly, simultaneously scribbling on a prescription pad.

                      SVOBODA
        Mascha - I can't tell you how terribly
        sorry I am...

    He shows her what he has written. Alert though still confused, she reads, as Svoboda goes on talking loudly:

INSERT: NOTE, on top of which is printed:
        "ST. PANCRAZ HOSPITAL
        Lintengasse No. 16, Tele: Market 4849"

The warnings are in Svoboda's handwriting - the first two scratched out but still legible:

    "Microphone! Be careful!"
    (already scratched out)

    "We know you told Gestapo nothing!
    We want to help!"
    (also scratched out)

    "Ask me to tell you truth!"

                      SVOBODA'S VOICE (over INSERT)
        ...that my thoughtlessness has brought
        so much trouble to you.

Eine Seite aus dem von Fritz Lang und Bert Brecht gemeinsam geschriebenen Script zu »Hangmen also die« (»Auch Henker sterben«)

»Jeden Morgen, mein Brot zu verdienen,
Gehe ich auf den Markt, wo Lügen gekauft werden.
Hoffnungsvoll
reihe ich mich ein zwischen die Verkäufer.«

Inmitten der Traumfabrik und im Rahmen einer Gesellschaftsform, die zu bekämpfen er als seine Aufgabe ansah, führte Brecht ein Leben im Zorn. Er schrieb kleine böse Analysen der amerikanischen Gesellschaft, unvollendete Skizzen, die, wären sie veröffentlicht worden, dem Gastland keineswegs freundlich in den Ohren geklungen hätten...

Auch bei der Arbeit mit und für Fritz Lang gab es zunächst unerwartete Schwierigkeiten. Brecht war nicht in der »Screen Writers Guild«, der Gewerkschaft, organisiert. Dennoch machte sich Lang für ihn stark und setzte beim Produzenten Arnold Preßburger eine Gage von 3500 Dollar für den Dramatiker durch. Er hatte immer behauptet, daß man an einem Genie wie Brecht einfach nicht vorübergehen könne. Später wurde jedoch nur eine Szene von ihm verwertet und gedreht. Es kam zum Krach. Er wolle in erster Linie ein Hollywood-Picture machen, habe Lang – so berichtete Brecht später – ihm gegenüber erklärt. Aber die endgültige Drehfassung hatten nicht die beiden, sondern der Studio-Autor John Wexley zu Papier gebracht, allerdings in engstem Teamwork mit den Sujet-Entwerfern.

Der Inhalt des Films: 1942 wird in Prag der Reichsprotektor Heydrich von tschechischen Widerstandskämpfern ermordet. Der Täter, ein Arzt, kann mit Hilfe von Marscha Novotny, der Tochter eines Professors, rechtzeitig entkommen. Als die Gestapo-Geiseln aus dem tschechischen Volk verhaftet, kommt sie auch zu Professor Novotny, der sich zufällig in Gesellschaft des Attentäters Svoboda (von dessen Täterschaft er aber nichts weiß) befindet. Svoboda, der sich in Marscha verliebt hat, beschließt, sich zu stellen, jedoch nicht lebendig, um die Geiseln vor dem sicheren Tode zu retten. Marscha, die die Notwendigkeit, Svoboda zu decken, nicht einsieht, versucht, diesen bei der

Gestapo zu denunzieren, läßt aber im letzten Augenblick davon ab. Jedoch die Deutschen sind mißtrauisch geworden. Sie verfolgen Marscha und kommen auf Svobodas Spur. Marschas Verlobter, Jan Horok, der zuerst annimmt, Marscha wolle ihn mit dem Arzt betrügen, erkennt plötzlich die Gefahr, in der sich die beiden befinden. Er versucht, Inspektor Gruber, der die Fahndung nach dem Attentäter leitet, abzulenken. Jedoch ohne Erfolg. Erst als Gruber bereits zur Verhaftung Svobodas schreiten will, kann er beseitigt werden. Um die Geiseln zu retten, beschließt man, einen bekannten Kollaborateur und Spitzel, den reichen Bierbrauer Emil Csaka, als Mörder auszuliefern. Dieser pocht auf sein Alibi – er war zu der fraglichen Zeit mit dem inzwischen getöteten Inspektor Gruber zusammen – wird aber schließlich hingerichtet, ohne daß die Deutschen die Geiseln freigelassen haben.

Lang sah den Film viele Jahre später noch einmal in Paris und sagte: »Es ging mir auf, daß dieser Film, der den Kampf einer ganzen Nation gegen die faschistischen Eindringlinge in Prag zeigte und der mit dem Schluß-Titel ›*Das ist nicht das Ende*‹ aufhörte, heute einen prophetischen Charakter hat. Nur ist der ›Ort der Handlung‹ heute woanders gelagert, nur kommen die Eindringlinge jetzt von der anderen Seite...«

In dieser Arnold Preßburger-Gemeinschaftsproduktion tauchten viele bekannte Gesichter aus dem einstigen Theater- und Filmschaffen Berlins auf: Da war Reinhold Schünzel, Schöpfer zahlreicher unvergessener stummer und tönender Leinwand-Knüller (u. a. *Liebe im Ring* mit Renate Müller und Max Schmeling, *Viktor und Viktoria, Saison in Kairo, Die englische Heirat, Ronny, Amphitrion* – fast alle mit Renate Müller –, *Donogoo Tonka* mit der Schmeling-Gattin Anny Ondra, ehe er 1938 Deutschland verließ und nach ›drüben‹ ging), dann Alexander Granach, einer der bekanntesten Charakterschauspieler der Berliner Reinhardt-Bühnen vor und nach dem ersten Weltkrieg, von dem großen Theater-Reformator gefördert, vom Staatstheater-Intendanten Leopold Jeßner bewundert; als er 1945 nach

Anna Lee in der weiblichen Hauptrolle von »Hangmen also die« (»Auch Henker sterben«) aus dem Jahr 1942

Deutschland zurückkehren wollte, starb er in New York. Ferner Hans von Twardowsky, gefragter Komödianten-Typ für Boulevardstücke.

Und schließlich hieß es im Titel-Vorspann, daß die Musik von Hanns Eisler komponiert worden sei. Das war jener Eisler, der nach 1945 im östlichen Berlin heimisch wurde und die DDR-Nationalhymne vertonte.

Ehe das erste Bild des Films auf der Leinwand sichtbar wurde, war ein Motto eingeblendet:

»Weder der Verrat an der Tschechoslowakei noch das Blutbad, das Hitlers Horden auslösten, konnten den Geist dieses Volkes besiegen. Tausend Jahre flammender Tradition brennt in ihren Herzen und in diesem Feuer der Freiheit wird eine geheime Bruderschaft geschmiedet, eine verborgene Armee von Rächern, verschworen um ihr Land von den Eindringlingen zu befreien.«

Am 26. März 1943 lief der Film in den amerikanischen Kinos an. Es gab unterschiedliche Beurteilungen. Hervorgehoben wurde die Ästhetik, die trotz der Härte und Bitterkeit nach den Erfordernissen des Drehbuchs spür- und sichtbar wurde und den Ruhm des klassischen amerikanischen Films (Hitchcock, Capra, McCarey, King Vidor) mitbegründen half. Ganze Sequenzen wurden später, variiert natürlich, im US-Fernsehen übernommen, u. a. in *The Four Days Of Naples* und *The Battle Of Algiers*.

Fritz Lang hat auch immer wieder betont, daß er diesen Film

Szenenfoto mit Brian Donlevy und Anna Lee in Fritz Langs »Hangmen also die« (»Auch Henker sterben«).

in erster Linie für die Amerikaner inszeniert habe, die ja von der Natur des Faschismus' so gut wie nichts kannten. »Ein europäisches Publikum würde keinen Film akzeptieren, der einen Supermann leicht über die Kräfte des Faschismus' triumphieren läßt. Europa weiß es besser«, erklärte Lang damals in Interviews.

Auch der nächste Film, anderthalb Jahre nach *Hangmen Also Die*, am 19. Oktober 1944 uraufgeführt, behandelte die Zeitumstände. Der Titel *Ministry Of Fear* besagt es. Graham Greene hatte sich die Geschichte einfallen lassen. Sie spielte in seiner englischen Heimat und hatte mit Spionage zu tun. Der Film bekam gute Kritiken. Hier eine aus der Feder Francis Courtades:

»*The Ministry Of Fear* hat fast nichts mehr mit *Spione* (1928) gemein, außer dem Genre, und einer gewissen traumhaften Verknüpfung extravaganter Abenteuer. Allein die Figur der Carla Hilfe, des ungarischen Flüchtlings, kann noch genau an Lya Straska, die rechte Hand des Chefs der Spione erinnern: Carla tötet ihren spionierenden Bruder, bevor sie in die Arme des Helden fällt, wie Lya die Hintergründe der Organisation aufdeckt, bevor sie den Agenten 326 heiratet. Aber Marjorie Reynolds scheint reichlich fade im Vergleich zu Gerda Maurus ... Lang scheint verjüngt zu sein. Tatsächlich aber ist er sich treu geblieben: 20 Jahre später liegt *Die tausend Augen des Dr. Mabuse* auf derselben Linie wie *Die Spinnen*. Die Spiritistensitzung, die Bombenalarmnacht in der Metro, die Schlußabrechnung auf einem Dach sind großartige Sequenzen ... Das ist Kino (cinema), für das Bild entworfen, bewußt und nervös. Vergessen wir die letzte, ebenso banale Einstellung wie die aus »*Western Union*« oder in unzähligen Hollywood-Produktionen zu jener und zu allen Zeiten. *The ministry of fear* ist – obgleich nicht so gut wie sein stummer Vorgänger – ein guter Angstfilm, ein guter Thriller, wie ihn auch Hitchcock in seinen besten Tagen hätte drehen können.«

Meisterhaft hatte Langs Maler-Auge die saubere Arbeit seines Kameramannes Henry Sharp beeinflußt. Sie harmonisierte mit kühnen und kontrastreichen Einstellungen vollkommen mit dem unerbittlichen Ablauf der Handlung. Fritz Lang würde – so

Eine nach dem Attentat auf Heydrich in Prag spielende Szene aus Fritz Langs »Hangmen also die« (»Auch Henker sterben«) mit – ganz links – Brian Donlevy.

ein wörtliches Zitat aus jenen Tagen – die Lehren des Expressionismus in seiner Jugend wohl niemals vergessen...

Im nächsten Jahr drehte er *The woman in the window*, einen Film mit doppeltem Gesicht. Wie in *Ministry* nahm er wieder ein seiner Sensibilität angemessenes Thema auf, das man das Motiv des Spinnennetzes nennen könnte: ein Mann, gegen seinen Willen in ein Verbrechen hineingezogen, kämpft gegen sein Schicksal, verstrickt sich aber bei jeder seiner Aktionen mehr. Hier wird das Spinnennetz von einem Zeugen gehalten, der ihn erpreßt, und durch den Staatsanwalt selbst. In *M* waren es z.B. die Unterwelt und die Polizei, die einen Augenblick Verbündete waren, um den Mörder zu fangen.

The woman in the window gehört zur »schwarzen Serie« wegen seiner Helldunkel-Technik und seiner Nachtszenen – wie die Entdeckung der Leiche des Erpressers, zusammengekrümmt unter einer Steintreppe, die in einen Keller führt – und ebenso durch seine steigende Spannung, die dem Werk trotz seiner unerbittlichen Logik einen alptraumhaften Rhythmus gibt.

Fritz Lang sagte dazu in einem Zeitungsinterview nach der vom R.K.O.-Verleih aufgezogenen Premiere am 10. Oktober 1944 (also noch neun Tage *vor* der *Ministery of fear*-Erstaufführung):

»Als ich *woman* machte, wurde ich von den Kritikern gescholten, weil ich ihn als Traum enden ließ. Ich bin nicht immer objektiv meinem Werk gegenüber, aber in diesem Fall war meine Entscheidung bewußt. Wenn ich die Geschichte in ihrer logischen Konklusion festgesetzt hätte, wäre ein Mensch gefangen und exekutiert worden wegen eines Mordes, den er beging, weil er einen Moment lang »off guard« war. Selbst wenn er nicht wegen des Verbrechens verurteilt worden wäre, wäre sein Leben verpfuscht gewesen. Ich wies dieses logische Ende zurück, weil es mir defätistisch erschien; eine Tragödie um nichts, von einem unversöhnlichen Schicksal herbeigeführt.«

In *woman* wird ein sanfter Professor der Kriminalpsychologie das Opfer einer Frau, die neben ihm auftaucht, als er ihr Portrait in einem Schaufenster betrachtet. Nachdem er ihren Liebhaber in Notwehr getötet hat, kann er dank seiner Freundschaft mit dem Staatsanwalt die polizeilichen Nachforschungen laufend beobachten. Weil die Einstellungen, die Lang gebraucht, etwas Schwindelndes und Entferntes haben, was dem schließlichen Schluß entspricht – nämlich der nicht vorherzusehenden Lösung, daß der Professor nur einen schlechten Traum geträumt hat – war diese Wendung augenscheinlich Langs Idee.

Erstmalig stellte Lang in der Rolle des ehrbar verheirateten Professors Edward G. Robinson vor die Kamera. Nach *The*

Straßenszene mit Joan Bennett und Edward G. Robinson in Fritz Langs »The woman in the window« (»Gefährliche Begegnung«), der 1944 gedreht wurde

Joan Bennett und Dan Duryea in Fritz Langs 1944 gedrehtem Hollywood-Film »The woman in the window« (»Gefährliche Begegnung«).

woman in the window, für den die »International Pictures/Christie Corporation« verantwortlich zeichnete, tat er das auch in seinem nächsten Film. Zu dieser Zeit hatte er zusammen mit Walter Wanger eine eigene Produktions-Gesellschaft unter dem Firmennamen »DIANA-Productions« gegründet.

Im nächsten Lang-Film *Scarlett Street* (Straße der Versuchung) spielte Robinson einen alten, ehrlichen Kassierer, der von seiner Frau tyrannisiert wird. Auch diesmal war Joan Bennett seine Parnerin. Beide Male ist sie eine »femme fatale« à la Marlene Dietrich.

Scarlett Street war im Grunde ein Remake des 1931 vom Jean Renoir inszenierten Films *La Chienne*. Um aber doch etwas anderes als Renoir zu machen, hatte Lang sich eine Kopie aus der Cinémathèque Française kommen lassen. Aber wenn auch aus der Bank M. Legrand ein Kaufhaus und aus der Lulu eine Kitty geworden waren, blieb der amerikanische Film doch dem Geist und der Botschaft seines französischen Vorgängers treu, so daß man also durchaus von einem Remake sprechen kann.

Von einem guten...

Zweifellos wollte Lang seinen neuen Film nicht zu ähnlich mit

Edward G. Robinson und Joan Bennett in Fritz Langs »Scarlett street« (»Straße der Versuchung«, 1945)

Joan Bennett und Dan Duryea in Fritz Langs 1945 gedrehtem Film »Scarlett street« (»Straße der Versuchung«).

La Chienne und *The woman in the window* werden lassen und vermied diesmal den Realismus. Alles wurde auf die Poesie der Gesten, der Haltung der Darsteller bezogen, auf die Verwendung des Lichts und des Dekors. Der alte Expressionismus kam wieder zu Ehren, besonders in den Halluzinationen des Helden am Schluß des Films. Hier herrschte eine sehr schwere, sehr »deutsche« Atmosphäre, die dem amerikanischen Modernismus in *The woman in the window* entgegenstand. In *Scarlett Street* wurden die alten Erfolgmethoden in moderner Form angewandt. Lang hatte es allerdings nicht auf eine präzise Wirkung wie in *Siegfried* oder im *Müden Tod* abgesehen, sondern auf eine poeti-

Edward G. Robinson (Mitte) in einer Szene des 1945 gedrehten Fritz-Lang-Films »Scarlet street« (»Straße der Versuchung«).

sche Nachdrücklichkeit der alltäglichen Geste. Die Ästhetik drängte die Themen des Films in den Hintergrund: Das Schicksal des Verfalls für den, der Sklave einer Frau in ungleicher und fast widernatürlicher Liebe wird; die Wiederkehr – der erste Mann von Cross' Frau, der plötzlich wiedergefunden wird –; die Relativität der Justiz, die einen Unschuldigen verurteilt; die Spaltung der Persönlichkeit – der frühere kleine Kassierer, der zum Gigolo, berühmten Maler und Mörder wird; die Malerei ... Ja, der Malerei, der ja Langs sogenannte zweite Liebe gehörte, ehe ihn das Zelluloid in seinen Bann zog und nicht wieder los ließ ...

In eigenem Heim

Das Ende des 2. Weltkrieges brachte für Lang eine Wende: Seit er 1934 amerikanischen Boden betrat, hatte er nur in Hotels und in oft wechselnden Mietwohnungen zwischen Santa Monica und der City von Los Angeles gelebt. Jetzt, 1945, konnte er einen lang gehegten Plan und Wunsch verwirklichen: ein eigenes Heim zu beziehen. Er fand es im Canyon des Summit Ridge Drives, einem Prominenten-Distrikt des Nobel-Gettos Beverly Hills. Es war ein flachdachiges Haus, erbaut in spanischem Stil, umgeben von Eukalyptus-Bäumen und üppiger Vegetation. Dort wurde er liebevoll versorgt und betreut von Lily Latté, seiner einstigen Berliner Bekannten, die ihm in die neue Heimat gefolgt war und bis zu seinem Tode 1976 auch treu und aufopfernd zur Seite stand, trotz aller Sorgen und Widerwärtigkeiten, die sich im Laufe der Jahre zwangsläufig unter völlig veränderten Verhältnissen ergaben.

In diesem »Buon retiro« konnte er sich nach der Nachkriegs-Konsolidierung des amerikanischen Filmbetriebs mit neuen Plänen befassen. Themen boten sich ihm genug an, durchweg entwickelte er sie selbst. So unter anderem einen aktuellen Stoff, der die Demobilisation nach dem Kriege betraf, ein weiteres, bei dem es sich um die Situation der Bewässerung zwischen den US-Staaten Kalifornien und Arizona drehte, ferner mit einem Vorwurf aus den Louis-Stevenson-Werken (»The Body Snatcher«) und mit der Modernisierung der Golem-Handlung.

Ein weiteres Feature, dem die Entwicklung, Herstellung und verheerende Wirkung der Atombombe zugrunde lag und das die amerikanische Spionage miteinbeziehen sollte, blieb ungeschrieben, da ihm die »United States Pictures« zwischenzeitlich die Regie eines Geheimdienst-Streifens angeboten hatte. Titel dieses späteren von den Warner Brothers verliehenen 106-Minuten-Films: *Cloak and Dagger*.

Gary Cooper war der Partner von Lilli Palmer in Fritz Langs 1946 gedrehtem Film »Cloak and dagger« (»Im Geheimdienst«).

Lily Latté, Fritz Langs Lebensgefährtin seit der Zeit vor seiner Emigration aus Deutschland, wird in Hollywood von Ludwig Maibohm, dem Autor dieses Buches, besucht

Wahrzeichen der neuen Heimat: die berühmten Riesenbuchstaben auf den Hügeln über der Filmmetropole

Fritz Lang im neu erworbenen eigenen Heim in Beverly Hills

An diesem Script waren sechs Personen beteiligt, ohne Langs Zutun. Und es bewahrheitete sich die Theorie, daß viele Köche den Brei verderben. Gary Cooper spielte neben Lilli Palmer die Hauptrolle. Neben der gebürtigen Berlinerin setzte Lang auch die Max Reinhardt-Gattin Helene Thimig ein und den ehemaligen UFA-Chargendarsteller Ludwig Stössel, sowie den späteren aus Österreich kommenden Erfolgsregisseur Otto Preminger in einem kurzen Part als Offizier der Hitler-Wehrmacht. Lilli Palmer hat sich später beklagt, daß Lang während der Drehzeit so kurz angebunden, so unnahbar zu ihr gewesen sei. Wer Lang und seine Arbeitsmethoden kannte, wußte allerdings, daß es während der Drehzeit für ihn nur eine Devise gab: die ihm übertragene Aufgabe, einen guten Film zu machen, hundertprozentig zu erfüllen.

Anderthalb Jahre nach dem Kino-Start des Cooper/Palmer-Spionage-Krimis am 11. September 1946 ging Lang – wie bereits in *Scarlett Street* – wieder in doppelter Funktion ins Atelier: Als Regisseur und Produzent zugleich, wieder unter dem Firmensignum »Diana Productions« an der Seite Walter Wangers. Der hatte als dritten Mit-Hersteller seine Frau, Joan Bennett, eingebracht. Sie spielte, wie schon in *Man Hunt, The Woman In The Window* und *Scarlett Street* nun auch in diesem *Secret Beyond The Door* (Geheimnisse hinter der Tür) betitelten Film damit zum vierten Male unter Langs Regie-Fuchtel die weibliche Hauptrolle. Das psychologische und psychoanalytische Thema – 1946 die große Mode – kam jedoch nicht an, der Film wurde kein Erfolg.

An seinem nächsten Film drehte Lang auf den Tag genau sechs Wochen: *House By The River*. Darin ließ er durch die Verworrenheit einer auf Schrecken basierenden Intrige seinem entfesselten Romantizismus freien Lauf. Aber dahinter, hinter dieser Zartheit, die sich in bewundernswert gespannten und vibrierenden Einstellungen niederschlug, behielt Lang seine kritische Offenheit. Michel Mourlet behauptete in »Cahiers du Cinéma«, *House By The River* sei ein vollkommen gelungener Erfolg Langscher Inszenierungskunst gewesen.

Nach vorübergehender unfreiwilliger Inaktivität, die er als

Schöpferische Pause im neuen Heim in Beverly Hills: Fritz Lang und ein Maskottchen

Oben: Das Kriegsgeschehen wird filmisch »aufgearbeitet«: In Fritz Langs Farbfilm »American guerilla in the philippines« (»Der Held von Mindanao«) spielten Tyrone Power und die Französin Michelin Presle die Hauptrollen

Unten: Szene mit Tyrone Power und (ganz links) Micheline Presle in Fritz Langs 1950 gedrehtem Farbfilm »American guerillas in the philippines« (»Der Held von Mindanao«).

längst fällige schöpferische Erholungspause nutzte, wurde Lang von der »Centfox« engagiert, um einen fiktiven Technicolor-Dokumentarfilm über die amerikanischen und eingeborenen Guerillakämpfer auf den Philippinen zu drehen. Mittelpunkt und Held dieser Geschichte war der viel zu früh verstorbene Tyrone Power. Er organisierte den Widerstand versprengter amerikanischer GIs im Urwald. Daher lautete der Untertitel von *American Guerrilla In The Philippines* auch beziehungsreich »Der Held von Mindanao«.

Gesamturteil der USA-Kritiker: »Fritz Lang inszenierte die bunte Handlung mit eingebauten amüsanten Robinson-Episoden, mit sicherer Hand, sehr bedacht auf malerische Bildwirkung, besonders in den zahlreichen Massenszenen.«

Als der Streifen zwei Jahre nach der amerikanischen Premiere im Mai 1952 auch in deutschen Lichtspieltheatern anlief, gab es unterschiedliche Meinungen. Man monierte, daß der Film in alten Kriegswunden wühle, antijapanische Tendenz zeige, bei der an dem alten Feind in Fernost, nun doch aber neuen Friedensvertragspartner kein gutes Haar geblieben sei. Als Lang den Film drehte, herrschten ja aber bekanntlich noch andere Zeiten andere Auffassungen. Außerdem mußte er in 48 Tagen abgedreht werden. Das Manuskript erhielt er dann auch erst wenige Tage vor dem ersten »Action!«. Wenn man bedenkt: An den *Nibelungen*, zweiteilig, hatte er einst unter Pommers Ägide sieben, an *Metropolis* sogar neun Monate arbeiten können...

Tempi passati...

Der nächste Film, anderthalb Jahre nach dem *Guerrilla*-Heldenepos herausgekommen, hatte – wie zehn Jahre vorher *Western Union* – echtes Western-Kolorit. Ihm, *Rancho Notorious,* (den deutschen Fernsehzuschauern und Kino-Besuchern Jahre später unter dem Titel »Engel der Gejagten« gezeigt), wurde das Prädikat »Langs bester Western überhaupt« verliehen.

Schauplatz ist eine Ranch namens Chuck-A-Luck, wörtlich: glücklicher Zufall! Es ist die Geschichte eines Hasses, eines Mordes, einer Rache, das Drama einer Frau, die sich der Liebe eines

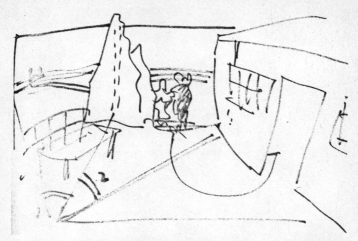

Eine Dekorationsskizze von Fritz Lang zu seinem Film von 1951 »Clash by night« (»Vor dem neuen Tag«), in dem u.a. auch Marylin Monroe in einer Nebenrolle mitwirkte.

viel jüngeren Mannes überläßt. Diese Frau spielte niemand anderes als Marlene Dietrich. Und *wie* sie sie spielte! Man hat später behauptet, daß es eher ein Film Marlenes als einer Fritz Langs gewesen sei. Aber das beinhaltete viel mehr ein Kompliment für den Regisseur, der sie als alternde »Altar« grandios führte. Die Rolle ähnelte jener der Blanche Dubios in *A Stretcar Named Desire* (Endstation Sehnsucht) und schien ebenso wie ein dutzend Jahre später für Gloria Swanson in Billy Wilders *Sunset Boulevard* geschaffen. Dennoch gab es zwischen den beiden Kontroversen. Lang hat sich immer geweigert, Details auszuplaudern. Nur dies war ihm zu entlocken: »Ich hasse es, etwas gegen Marlene zu sagen. Sie hat – und damit ähnelt sie der exaltierten Lilli Palmer – viele böse Dinge über mich geschrieben und gesagt, und sie ist schuld an vielen unerfreulichen Dingen in meinem Leben. Und mit vielem, was Marlene tat, konnte ich einfach nicht einverstanden sein. Sie stand noch sehr unter dem

Einmal – und nie wieder: Marlene Dietrich in einem Film von Fritz Lang. 1951 spielte sie – hier neben Arthur Kennedy und Mel Ferrer – in »Rancho notorious« (»Engel der Gejagten«).

Einfluß ihres Entdeckers und Serien-Regisseurs seit den Tagen des *Blauen Engels* Josef von Sternberg. Sie sagte immer: ›Schau – Sternberg hätte es soundso gemacht‹. ›Sicher‹, sagte ich ›aber ich bin Lang...‹. Umgekehrt lobte Lang, wie sehr sich gerade Marlene für viele deutsche Emigranten eingesetzt und sie mit

Marlene Dietrich war der Star in Fritz Langs 1951 gedrehtem Film »Rancho notorious« (»Engel der Gejagten«).

Rat und Tat geradezu aufopferungsvoll unterstützt hat. »Was die meisten ihr allerdings nicht gedankt haben...«, fügte er hinzu.

Schon ein viertel Jahr später lief Langs nächster Film an, diesmal ein Sujet aus dem schillernden New Yorker Theatermilieu unter dem Titel *Clash By Night* mit Barbara Stanwyk als Bühnenstar. Die Nebenrollen hatten sogar ein Eigenleben, waren diesmal wichtig für den Gesamthandlungsablauf.

In einer von ihnen fiel eine damals noch relativ unbekannte junge Darstellerin auf, die figürlich bestach und später unter Billy Wilders geschickter Lenkung zu einem Weltstar avancierte: Marilyn Monroe! Auch sie verdankte also Fritz Lang ihren Start.

Es folgte *The Blue Gardenia*, eine Story aus dem Leben einer Frau, die vergessen will. Diesmal bediente Lang sich einer ungewöhnlichen Technik: Er beschränkte die Kamerabewegungen auf ein Minimum, machte aber äußersten Gebrauch von der »crab dolly«, einer kleinen Kamera auf Schienen, die erlaubte, sich frei zu bewegen und allen Bewegungen der Personen während einer langen Einstellung zu folgen vermochte. Die Pionten der Dialoge wurden – davor oder danach – durch eine kurze Bewegung der Kamera auf ein Objekt oder eine Person betont. Mit anderen Worten: Die Intensionen wurden also in das »Flüssige« der Einstellung integriert.

Enthusiasmiert lobte das HAMBURGER ABENDBLATT nach dem deutschen Start: »Mit ungewöhnlicher Raffinesse hat Fritz Lang, der unübertroffene Meister des Kriminalfilms, diesen seinen jüngsten Film in Szene gesetzt. Wie diese Handlung gebaut und entwickelt ist, könnte beispielgebend sein für unsere deutschen Drehbuchautoren. Liebevoll ist auch das unwichtigste Detail bedacht, sorgsam sind die einzelnen Punkte des Kriminalfalls umrissen, bis zum Schluß bleibt es auch für den scharfsinnigsten Zuschauer unklar, wer den Mord begangen hat, er muß nach Lage der Dinge von der Schuld der bezaubernden Ann Baxter überzeugt sein. Erst in der letzten Szene löst sich die Spannung des intelligenten Reißers zur Zufriedenheit des Publikums.«

Szene mit Glenn Ford aus Fritz Langs »The big heat« (»Heißes Eisen«, 1953)

1951 drehte Fritz Lang »The big heat« (»Heißes Eisen«). Unser Foto zeigt links Glenn Ford, davor Lee Marvin.

Gloria Grahame und Glenn Ford waren Partner in Fritz Langs 1954 gedrehtem Thriller »Human desire« (»Lebensgier«).

Nach *Gardenia* für WARNER BROS. holte dann erstmalig die COLUMBIA Fritz Lang auf den Regie-Stuhl. Und zwar für den Polizeifilm *The Big Heat*, deutsch »Heißes Eisen«, einen außergewöhnlich guten Thriller, ausgezeichnet durch genau die Tugenden, die Langs Filme in den letzten Jahren schmerzlich hatten vermissen lassen: Straffheit und Geschwindigkeit; Bescheidenheit der Intention; intelligentes künstlerisches Drehbuch. Vor allem wurde er mit einer dramatischen Schärfe inszeniert, einer scharfen Beobachtungsgabe, die Interesse und Aufregung andauernd hochhält.

Eine von Langs Maximen lautete, daß sich alles im Leben wiederhole. Wenn man diese Auffassung auf seine Filme überträgt, hatte sie ihre Berechtigung. Schon oft hatte er das Thema der Beziehungen einer jungen Frau zu einem älteren Mann behandelt, der Reihenfolge nach im *The Woman In The Window*, *Scarlet Street*, einige Jahre später in anderer Form in *Clash By Night* und jetzt, 1954, in *Human Desire,* einer Verfilmung eines in die Gegenwart verlegten Romans von Emile Zola: Eine Frau treibt ihren Mann zum Eifersuchtsmord. Lang erzeugte darin

»Human desire« (»Lebensgier«) wurde 1954 von Fritz Lang in Hollywood gedreht. Auf dem Foto: Broderick Crawford (mit Lederjacke) und rechts Glenn Ford.

eine sich steigernde Kriminalspannung. Die ersten hundert Meter des Films gehörten ausschließlich der Kamera. Ehe das Spiel der lebensgierigen Vicki Buchley begann, feierte die Fotografie, mit Burnett Guffey am Auslöser, einen wahren Triumph.

Dennoch: Remakes waren und bleiben immer Glückssache, vor allem traf (und trifft) das auf französische Stoffe zu, die in den Hollywood-Studios nachgedreht wurden. Die Renoirsche Version von »La Bête Humaine« hob sich daher auch zwangsläufig von Langs *Human Desire* ab. Schon von der Besetzung her: Gloria Grahame, Glenn Ford und Broderick Crawford waren für die Parts von Simone Simon, Jean Gabin und Fernand Ledoux eingesetzt. Jeder Wertvergleich wäre deplaziert. Lang suchte eine ganz andere Auslegung als Renoir. Und fand sie ...

Jetzt endlich, 20 Jahre nach seiner 1934 betriebenen Verpflichtung durch METRO GOLDWYN MAYER und seinem Debut mit FURY holen ihn die MGM-Bosse aus Culver City wieder in ihre Ateliers zurück. Und zwar für einen Film, der auf einem Roman von John Meade Falkner basierte und zu dem ein ehemaliger Berliner Szenarist, Jan Lustig, zusammen mit Margaret Fitts das Script geliefert hatte. Der Untertitel von *Moonfleet*, Das Schloß im Schatten, besagte schon, daß es sich um ein romantisches poetisches Thema handelte. Für Lang bedeutete diese Produktion insofern Neuland, als sie auf Cinemascope, auf Breitwand also, fotografiert werden sollte und wurde. Hier konnte Lang wieder in herrlichen Panorama-Bildern schwelgen. Jean Douchet machte sich zum Sprecher aller Branche-Ästheten und lobte überschwenglich:

»Die Dynamik und der Atem von *Moonfleet* sind von der ersten Einstellung an gegeben. Eine Welle überspült eine kleine Bucht, verliert sich dort, zerschlägt sich an den Felsen, ohne daß mehr als Schaum übrig bleibt. In der zweiten, dritten, vierten Einstellung folgen andere Wellen nach, erheben sich voll zurückgehaltener Kraft, um schließlich wütend zu zerschellen. Warum sind diese Einstellungen auf das Meer und die Wogen die schönsten, die man je gefilmt hat? Unerklärliches Geheimnis

Held auf Abwegen ... Stewart Granger und Joan Greenwood in Fritz Langs »Moonfleet« (»Das Schloß im Schatten«), der 1954 entstand

der Kunst, außer wenn man zugesteht, daß der Blick des Dichters die Welt so inniglich durchdringen kann, daß er alles, was er sieht, in diesem Augenblick zur Größe erhebt. Das verweist alle

Stewart Granger war der Star in Fritz Langs »Moonfleet« (»Das Schloß im Schatten«, 1954). Weiter im Bild: George Sanders (links), Jon Withely (Kind), Liliane Montevecchi.

Cocteauschen Testamente in den Bereich des Nichts. Die Poesie liegt in der Wahrheit und im Erkennen. Sie verbirgt sich nicht im Trick.

Man muß tatsächlich endlich einmal von der Poesie bei Lang sprechen. Man diskutiert nur über seine geniale Handschrift, über seine unvergleichliche Anwendung der Dialektik und seine Konzeption, und man vergißt darüber den ersten Kontakt des Künstlers mit seinem Werk, diese behutsame Projektion seines intimsten Seins, kurz jene Logik des Traums, die allgemeine Gestalt seines Films, die jede Einstellung bis ins kleinste Detail

Rechts: Action at its best ... Stewart Granger in Fritz Langs 1954 gedrehtem Cinemascope-Farbfilm »Moonfleet« (»Das Schloß im Schatten«)

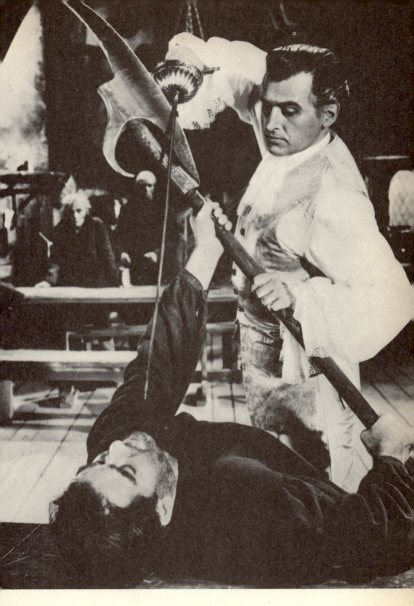

unter ihr ehernes Gesetz beugt. Das höhere Spiel einer diskursiven Intelligenz würde die vorgegebenen Unwahrscheinlichkeiten, die so häufig das Werk Langs bestimmen, nicht rechtfertigen. Diese sind vor allem das Ergebnis seiner Einbildungskraft.«

Trotz allem war Lang enttäuscht. Die »MGM«-Dramaturgen hatten den von ihm vorführbereit geschnittenen Film nach seiner Abreise aus Hollywood noch einmal ohne sein Wissen ummontiert. Ein Verfahren, das sehr oft – und leider – zu häufig von amerikanischen Produzenten angewendet wird. So bekam dieser Cinemascope-Film von einer Schmugglerballade, die an Südenglands Küste im 18. Jahrhundert spielt, mit Stewart Granger als Hauptdarsteller eine Wendung, die der Inszenierung Langs konträr war.

Nach dieser verständlichen Enttäuschung stand der Regie-Meister, inzwischen 65 Jahre alt geworden, in Hollywood nur noch zweimal hinter bzw. neben der Kamera. Und zwar für zwei Filme, die ins Zeitungsmilieu hineinspielten und in denen in beiden – *While The City Sleeps* (Die Bestie) und *Beyond A Reasonable Doubt* (Jenseits allen Zweifels) – der schmallippige Dana Andrews Hauptakteur war. Der letzte Streifen wieder mit leichtem kriminellen Touch und damit der zwölfte aller seit seinem Regie-Start gedrehten Krimis. Die Uraufführung am 1. Oktober 1956 bedeutete gleichzeitig das Halali in Langs filmischem Schaffen in Amerikas Film-Babel. Ein neuer, letzter Abschnitt begann.

Der Weg zurück

22 Filme hatte der – laut »WELT«-Zitat – »geniale Bildwerfer« seit seiner Übersiedlung aus Europa nach Amerika in der Zeit von 1934 bis 1956 in den kalifornischen Studios und auf den Außen-Schauplätzen gedreht, gelegentlich auch selbst mitproduziert. Nicht immer so, wie er es sich durch den Sucher des Kamera-Objektivs vorgestellt hatte, und das bei allen gebotenen vorbildlichen technischen Bedingungen und Möglichkeiten. Original-Ton Lang: »In Deutschland hatte man es 1931 nicht einmal geschafft, mir für meinen »*M*«-Film einen vernünftigen Mikrofongalgen zu installieren...«

Er war aber einer derjenigen Regisseure, der die Umstellung von europäische auf amerikanische Film-Gesetze und -Praktiken am besten bewältigte, der dafür prädestiniert war, in Hollywood nicht mehr in erster Linie – wie einst in Babelsberg – Märchen-, Legenden- und Utopie-Filme in großen Massenszenen in den Mittelpunkt zu rücken, sondern Schicksale von Individuen in engen, kleinbürgerlichen Verhältnissen zu realisieren. Was die Yankees verlangten, hatte Fritz Lang schnell begriffen. Zu Brecht sagte er während der Script-Niederschrift und der Aufnahmen selbst: »Ich scheiße auf Deine empfohlenen Volksszenen, ich mach' einen Hollywood-Film...!«

Fritz Lang war – bei aller Anpassung – immer ein Querkopf, ein Widerborstiger, zankte mit Autoren und Stars, zerstritt sich mit Bossen und Zensoren. Aber alle lobten sein Regie-Talent.

Trotzdem: *Beyond A Reasonable Doubt* war sein letztes Amerika-Opus. Er hatte die gnadenlose Konkurrenzschlacht satt, hielt es mit dem Weislingen-Ausspruch des ersten Akts in Goethes »Goetz«: »Die Zeiten sind vorbei...« und flog auf Einladung der dortigen Regierung nach Indien, besuchte das Monument der ewigen Liebe, Taj Mahal, studierte Land und Leute.

Auf dem Rückflug in die USA erkrankte er und war gezwungen, in Frankfurt am Main ungewollt Zwischenstation zu machen und einen Arzt aufzusuchen. »Dabei wollte ich nie wieder zurückkommen, nie wieder deutschen Boden betreten, nach allem, was mir und vielen einstigen Leidensgenossen und Heimatvertriebenen angetan worden war...«, erklärte er mir unverblümt 1956 am bereitgehaltenen Rundfunkmikrofon.

Ich war aus ganz anderem Interview-Grund zur Rhein-Main-Luft-Verkehrs-Drehscheibe hinausgefahren, hatte aber mit Lang als Gesprächspartner für die Radiohörer einen nicht alltäglichen guten »Fang« gemacht, eben Reporter-Glück gehabt. Ich revanchierte mich jedoch und führte den Regisseur in Dr. Karl Sprado zu einem bekannten Frankfurter Facharzt und anschließend zu einem ehemaligen Nachbarn in Los Angeles, dem bereits für immer in die alte Heimat zurückgekehrten Professor Theodor Adorno.

Dort »taute« Lang auf, baute nach und nach seine Ressentiments ab und akzeptierte dann die Einladung des findigen Berliner CCC-Produzenten Artur Brauner, zu einer Kontaktaufnahme nach Berlin zu kommen. Das geschah.

Was dann folgte, ist ziemlich bekannt: Lang unterschrieb einen Vertrag. Brauner schlug ihm ein Remake der *Nibelungen* vor. Lang lehnte ab. Brauner fand vor der geladenen Presse eine

---

*Anmerkung: Artur »Atze« Brauner hat dann später – 1966/67 – »seine« *Nibelungen* doch noch produziert, allerdings ohne Mitwirkung Fritz Langs. Er ließ sich von Harald Petersson und Ladislaus Fodor die Bücher für den zweiteiligen, später auch zu einem Programm zusammengeschnittenen Film schreiben. Regie führte der Karl-May-erprobte Action-Spezialist Dr. Harald Reinl, gedreht wurde in internationaler Zusammenarbeit in Jugoslawien und Rumänien. Interessant war die Rollenbesetzung des *Siegfried*: ihn spielte – so gut er halt konnte – der deutsche Hammerwerfer-Meister Uwe Beyer, der 1964 bei den Olympischen Spielen in Tokio in seiner leichtathletischen Disziplin mit einem Hammerwurf von 68,09 m die Bronzemedaille gewonnen hatte. Mit ihm mußten sich so renommierte Charakterdarsteller wie Rolf Henniger (Gunther), Siegfried Wischnewski (Hagen) und der Engländer Herbert Lom (Etzel) zu einem »überzeugenden« Ensemble zusammenfinden. Bei den Damenrollen begnügte sich Brauner mit blonder (– Maria Marlow als Kriemhild –) und dunkler Schönheit (Karin Dor als Brunhild). Das voluminöse Unterfangen hatte für Brauner leider nicht den erwünschten finanziellen Erfolg. Und künstlerisch war es – man muß wohl sagen: zum Glück – von so minderem Anspruch, daß es den Ruhm und Ruf von Langs *Nibelungen* in der Filmgeschichte auch nicht entfernt zu schmälern vermochte.

nette Ausrede: »Ich wollte Marlon Brando als Siegfried haben, bekam ihn aber nicht...«.

Lang liebäugelte mit einem Thema, das den Seeräuber und Viktualienbruder Klaus Störtebecker als Titelfigur behandelte und für den ihm Hans Söhnker als der richtige Darsteller erschien. Dieses Projekt zerschlug sich. Aber es gab *doch* ein Remake. Nicht das der *Nibelungen**, sondern den Zweiteiler *Der Tiger von Eschnapur* und *Das indische Grabmal*, die abenteuerliche Fabel von der Tempeltänzerin, die einem deutschen Architekten vor einem reichen Maharadscha den Vorzug gibt.

Nach Deutschland zurückgekehrt, dreht Fritz Lang für den Berliner Produzenten Artur Brauner und Ilse Kubaschewskis Gloria-Verleih »Der Tiger von Eschnapur« und »Das indische Grabmal« nach einem Roman Thea von Harbous, den Lang schon zu Beginn seiner Karriere drehen wollte. Unser Foto: Sabine Bethmann und Walther Reyer.

Es wurde eine üppige Neuverfilmung, in den Spandauer CCC-Studios und an Originalschauplätzen in Indien von Richard Angst auf farbiges Zelluloid gebannt. Den Ur-Stoff aus der Feder Thea von Harbous, den Joe May 1921 Lang vor der Nase weg-

Ein alter Traum wird wahr: Wieder in Deutschland, dreht Fritz Lang 1958 für Artur Brauner den Doppelfilm nach einem frühen Roman seiner ehemaligen Frau Thea von Harbou »Der Tiger von Eschnapur« und »Das indische Grabmal«.
Unser Foto zeigt Debra Paget in einer Tiger-Dekoration.

Szene mit Walter Reyer aus »Der Tiger von Eschnapur«

geschnappt hatte, fummelten der Amerika-Heimkehrer und der ideenreiche Werner Jörg Lüddecke in dessen Wohnung am Berliner Nikolassee um, modernisierten auch die Zweitauflage die-

ses Kintopp-Schaustücks, das Richard Eichberg 1938, leicht verändert, als »größten Abenteuerfilm der Saison« für sich nutzbar gemacht hatte und brauchten auch in der nunmehr dritten Fassung, was die Ausstattung anbelangte, keinen Vergleich mit den beiden vorangegangenen Produktionen zu scheuen. Aus dem

Großdekoration zu Fritz Langs 1958 in Deutschland gedrehtem Farbfilm »Das indische Grabmal«

verstaubten Stoff machte Lang ein biederbuntes, farbiges »Märchen für Erwachsene«, das von der Kritik durchweg verrissen wurde. Dem Spandauer Produzenten und seinen Partnern brachte der Doppel-Streifen jedoch Riesen-Rekordeinnahmen.

Der Kassenerfolg des Exotik-Zweiteilers, von Lang später selbstironisch in »Tiger von Dextropur« und »Kindisches Grabmal« umtituliert, waren für Brauner Anlaß, Fritz Lang zu einem weiteren Film zu animieren. Es brauche ja nicht gerade große Kunst zu sein, schlug er vor, aber wie es denn mit einem neuen »Mabuse« wäre? Er hatte gerade die Rechte an dem Stoff gekauft. Lang hatte Gegenargumente: »Das Scheusal ist längst tot

Debra Paget und René Deltgen in einer Szene des 1958 in Deutschland von Fritz Lang gedrehten Films »Das indische Grabmal«

und verbrannt«. Aber Brauner ließ nicht locker: »Dann mach' mir einen n e u e n ›Mabuse‹«.

Es gelang ihm, Lang zu überreden, und so wurde *Mabuse* dreißig Jahre später gezeigt, ausgerüstet mit den neuesten technischen Möglichkeiten, um so Hinweise zu geben auf Dinge, die sich in der Neuzeit gefahrdrohend für die Zivilisation auftaten. Betitelt wurde der Film *Die tausend Augen des Dr. Mabuse.* Die beiden Vorgänger, »Dr. Mabuse der Spieler« (1922) und »Das Testament des Dr. Mabuse« (1933) waren, im Stil expressionistischer Kriminalfilme, wohlgezielte Warnrufe vor dem drohenden Herannahen der hitlerischen Verbrecherherrschaft. Mit Hilfe der wissenschaftlichen Pläne des verstorbenen wahnsinnigen

»Mabuse« trachtete im »Testament« der Mann hinter den Kulissen nach der Herrschaft im Staat. In den »Tausend Augen« strebte nun sein Nachfolger, gestützt auf die gleichen Pläne, nach der Weltherrschaft und dem Besitz der Atombombe.

Anstelle Werner Jörg Lüddeckes hatte diesmal Heinz Oskar Wuttig am Buch mitgearbeitet. Und statt Richard Angst bediente Karl Löb die Kamera. Fritz Langs Wunsch, seinen alten bewährten Kameramann Fritz Arno Wagner auch bei dieser, seiner offiziell letzten Regie-Tat neben sich zu wissen, blieb unerfüllt. Wagner hatte bereits 1921 im *Müden Tod*, 1927 in *Spione*, 1931 in *M* und 1932 im *Testament* die Bild-Verantwortung gehabt. Jetzt, 1958 drehte er aber gerade in den BAVARIA-Ateliers in Geiselgasteig. So entfiel das Wiedersehen und so auch die gewiß unabweislich immer wieder auftauchende, sich aufgedrängte Frage nach dem »Weißt Du noch, damals...?«

Langs Absicht, nach diesem letzten *Mabuse*-Film nie wieder mit einer Filmkamera in Kontakt kommen zu wollen, blieb nur ein Vorhaben. 1963 erreichte ihn eine Einladung seines Verehrers Jean-Luc Godard, in einem von ihm inszenierten Film mitzuwirken: Als Fritz Lang, als Filmregisseur. Er sagte zu und spielte die Rolle, die er bei 43 Kinowerken wirklich ausgefüllt hatte. Godard hatte selbst das Drehbuch geschrieben. Gedreht wurde in Rom und auf Capri. Im Titelvorspann des 100-Minuten-Streifens *le Mépris* hieß es bei der Rollen- und Namensnennung: Regisseur Fritz Lang: – Fritz Lang.

Die Franzosen, Kritiker und Filmemacherkollegen, waren von dem einstigen Atelier-Beherrscher mit dem Einglas und (– statt mit einer gebundenen Längs-Krawatte –) stets mit gewundener Schleife so begeistert, daß sie ihn 1965 zum »Officier d'art et des lettres« ernannten.

Es war nicht die einzige sichtbare Ehrung und Auszeichnung. Der deutsche Bundespräsident Heinrich Lübke hatte ihm bereits Ende der fünfziger Jahre das Bundesverdienstkreuz verliehen und durch den deutschen Botschafter in den Vereinigten Staaten überreichen lassen. Beim Berliner Film-Festival wurde

Fritz Lang in den CCC-Studios von Berlin-Spandau 1959 bei den Dreharbeiten zu »Die tausend Augen des Dr. Mabuse«

Links: Der Heimkehrer: Im Sommer 1957 kehrte Fritz Lang – mehr zufällig als gewollt – nach Deutschland zurück. Dem Berliner Produzenten Artur »Atze« Brauner gelang es, ihn als Regisseur für die Filme »Der Tiger von Eschnapur«, »Das indische Grabmal« und »Die tausend Augen des Dr. Mabuse« zu verpflichten.

Fritz Langs letzte Regiearbeit, 1959/60 in Berlin hergestellt, drehte sich noch einmal um den Gewaltverbrecher Dr. Mabuse. In »Die tausend Augen des Dr. Mabuse« verfolgte Gert Fröbe als Kriminalkommissar den bösesten aller Film-Bösewichte.

Rechts: Fritz Langs letzter Film als Regisseur: »Die tausend Augen des Dr. Mabuse«. Das Foto zeigt eine Szene mit Peter van Eyck und Dawn Addams.

Zum letzten Mal Regie – zum letzten Mal »Mabuse«: 1959/60 drehte Fritz Lang seinen letzten Film als Regisseur in den Berliner CCC-Studios von Artur Brauner: »Die tausend Augen des Dr. Mabuse«. Unser Foto zeigt eine Szene mit Gerd Fröbe und Wolfgang Preiss.

Rechts oben: Fritz Lang (mit Einglas und Augenklappe) im Kreis von Freunden und Kollegen 1960 in Berlin, u.a. mit Paul Hubschmid, René Deltgen, Claus Holm und (rechts) Maria Brauner, der Gattin des Berliner Produzenten Artur Brauner.

Rechts unten: Fritz Lang 1960 bei der Berliner Premiere seines letzten Films als Regisseur. Neben ihm links – zufällig in Berlin – der englische Schauspieler Jack Hawkins, rechts die deutschen Darsteller Joachim Hansen und Walter Gross.

er 1963 mit dem Goldenen Band der deutschen Filmkunst dekoriert, und bei einem Besuch seiner Heimatstadt Wien 1971 wurde ihm die Goldene Ehrennadel der österreichischen Hauptstadt im Rahmen eines feierlichen Festaktes überreicht. Jugoslawien und Italien würdigten Langs Verdienste um den Film ebenfalls

mit sichtbaren Symbolen. Und 1973 ernannte ihn die Wiener Universität zum Honorar-Professor e.h. für die Sparte der Feinen Künste. In seiner amerikanischen Wahlheimat schließlich häuften sich Orden, Medaillen und Titel in Serie. Die Universitäten rissen sich um Gastvorlesungen des einstigen großen Film-Gestalters, und nicht nur die auf dem amerikanischen Kontinent, sondern überall auf diesem Planeten.

Auch die Intellektuellen Hollywoods, die Langs USA-Oeuvre lange verkannten, zählten (und zählen jetzt) zu seinen Bewunderern...

Wiedersehen zweier alter Freunde 1957 in Frankfurt: Lang (rechts) mit dem Autor dieses Buches, Ludwig Maibohm

Fritz Lang – Privataufnahme 1960 in Berlin

Nur mit der Gesundheit stand es in den letzten Jahren bei ihm nicht mehr zum Besten, trotz aufopfernder Fürsorge und Betreuung durch seine Wegbegleiterin von Berlin bis ins amerikanische Exil, Lily Latté.

Am 2. August 1976 schloß er, 86 Jahre alt geworden, für immer die Augen, deren Sehkraft er im Laufe der Jahre fast völlig dem Medium geopfert hate, das ihm Lebensinhalt war und blieb: Dem Film!

Der Altmeister

Filmografie für die Zeit von 1934–1960

Fury
1935/36
Metro-Goldwyn-Mayer
Spieldauer: 94 Minuten
Produktion: Joseph L. Mankiewicz
Drehbuch: Fritz Lang, Bartlett Cormack, nach der Story *mob rule* von Norman Krasna
Kamera: Joseph Ruttenberg
Musik: Franz Waxmann
Bauten: Cedric Gibbons
Darsteller: Spencer Tracy, Sylvia Sidney, Walter Abel, Bruce Cabot, Edward Ellis, Walter Brennan, George Walcott, Frank Albertson, Arthur Stone, Morgan Gray, Edwin Maxwell, Howard Hickmann, Jonathan Hale, Leila Bennett, Esther Dale, Helene Flint

You only live once – Gehetzt
1936
Walter Wanger-U.A.
Spieldauer: 86 Minuten
Produktion: Walter Wanger
Drehbuch: Graham Baker, nach einem Sujet von Gene Towne
Kamera: Leon Shamroy
Musik: Alfred Newman
Bauten: Lois Alter, Paul Webster
Darsteller: Henry Fonda, Sylvia Sidney, Barton McLane, Jean Dixon, William Gargan, Guinn Williams, Chic Sale, Margaret Hamilton, Warren Hymer, John Wray, Walter De Palma, Jonathan Hale, Ward Bond, Wade Botcher, Henry Taylor, Jean Stoddard, Ben Hall
Drehzeit: 7 Wochen

You and me
Paramount
1938
Produktion: Fritz Lang
Drehbuch: Virginia Van Upp, nach einem Sujet von Norman Krasna
Kamera: Charles Lang jr.
Musik: Kurt Weill
Darsteller: George Raft, Sylvia Sidney, Robert Cummings, Roscoe Karns, Barton McLane, Harry Carey, George E. Stone, Warren Hymer, Guinn Williams, Carol Page, Bernadene Hayes, Egan Brecher, Paul Newlan, Harlan Briggs, Joyce Compton, Blanca Vischer, Hetra Lynd, Jimmy Dundee, Terry Raye, William Robertson, Sheila Darey, Margaret Randall, Jack Mulhall, Sam Ash, Ruth Rogers, Julia Faye, Arthur Hoyt, Cecil Cunningham, Roger Grey, Adrian Moris, Joe Crey, Jack Pemnick, Kit Girard, Fein Emmet, Max Barrayn, James McNamara
Drehzeit: 6 Wochen

The return of Frank James – Rache für Jesse James
1940
20th Century Fox
Spieldauer: 92 Minuten
Produktion: Darryl F. Zanuck, Kenneth MacGowan
Drehbuch: Sam Hellman (Jesse James, le brigand bien-aimé)
Kamera: George Barnes, William V. Skall (Technicolor)
Musik: David Buttolph
Bauten: Thomas Little
Darsteller: Henry Fonda, Gene Tierney, Jackie Cooper, Henry Hull, John Carradine, J. Edward Bromberg, Donald Meek, Eddie Collins, George Barbier, Ernest Whitman, Charles Tannen, Lloyd Corrigan, Russel Hicks, Victor Lilian, Edward McWade, George Chandler, Irving Bacon, Frank Shannon, Barbara Pepper, Louis Mason, Stynnie Beard, William Pawley, Frank Sully, Davidson Clark
Drehzeit: 7 Wochen

Western Union – Überfall der Ogalalla
1940
20th Century Fox
Spieldauer: 95 Minuten
Produktion: Harry Joe Brown
Drehbuch: Robert Carson, nach einem Roman von Zane Grey
Kamera: Edward Cronjager, Assistent: Allen M. Davey (Technicolor)
Musik: David Buttolph
Bauten: Thomas Little
Kostüme: Travis Banton
Darsteller: Robert Young, Randolph Scott, Dean Jagger, Virginia Gilmore, John Carradine, Slim Summerville, J. Edward Bromberg, Chill Wills, Barton McLane, Russel Hicks, Victor Kilian, Minor Watson, George Chandler
Drehzeit 8 Wochen

Man hunt – Menschenjagd
1941
20th Century Fox
Spieldauer: 95 Minuten
Produktion: Kenneth MacGowan
Drehbuch: Dudley Nichols, nach dem Roman »Rogue Male« von Geoffrey Houshold
Kamera: Arthur Miller
Musik: Alfred Newman
Bauten: Thomas Little
Darsteller: Walter Pidgeon, Joan Bennett, George Sanders, John Carradine, Roddy Mac Dowall, Ludwig Stössel, Hertlin Thatcher, Lester Matthews, Frederik Walock, Roger Inhof, Egon Brecher, Lesner Hubart, Eily Malyon, Anne Frey, Frederik, Vogedink, Lucien Prival, H. Evans, Keith Hitchcock

Hangmen also die
1942
Arnold Productions-U.A.
Spieldauer: 140 Minuten
Produktion: Fritz Lang, Arnold Pressburger
Drehbuch: John Wexley, in Zusammenarbeit mit Bert Brecht und Fritz Lang, nach einem Sujet von Bert Brecht und Fritz Lang
Kamera: James Wong Howe
Musik: Hanns Eisler
Darsteller: Brian Donlevy, Walter Brennan, Anna Lee, Gene Lockhart, Dennis O'Keefe, Hans von Twardowsky, Reinhold Schuenzel, Alexander Granach, Philip Merivale
Drehzeit: 7 Wochen

The ministery of fear
1943
Paramount
Spieldauer: 85 Minuten
Produktion: Seton I. Miller
Drehbuch: Seton I. Miller, nach dem Roman von Graham Greene
Kamera: Henry Sharp
Musik: Victor Young
Bauten: Hans T. Dreier, Hal Percira
Darsteller: Ray Milland, Marjorie Reynolds, Carl Esmond, Dan Duryea, Hillary Brooke, Percy Waram, Alan Napier, Erskine Sanford, Eustace Wyatt
Drehzeit: 7 Wochen

The woman in the window – Gefährliche Begegnung
1944
International Pictures Inc. – Christie Corp. – R.K.O.
Spieldauer: 99 Minuten
Produktion: Nunnally Johnson

Drehbuch: Dudley Nic Johnson, nach dem Roman »Once Off Guard« von J.H. Wallis
Kamera: Milton Krasner
Musik: Arthur Lange
Bauten: Duncan Kramer
Darsteller: Edward G. Robinson, Joan Bennett, Dan Duryea, Raymond Massey, Thomas Jackson, Edmond Breon

Scarlet Street – Straße der Versuchung
1945
Diana Productions-Universal
Spieldauer: 102 Minuten
Produktion: Fritz Lang (Gründer und Präsident der Diana, zusammen mit Vize-Präsident Walter Wanger und Joan Bennett)
Drehbuch: Dudley Nichols, nach dem Roman »La Chienne« von Georges de la Fouchardière und Mouezy-Eon (Remake des 1931 von Jean Renoir gedrehten Films)
Kamera: Milton Krasner (und John P. Fulton)
Musik: Hans J. Salter
Bauten: Alexander Golitzen
Darsteller: Edward G. Robinson, Joan Bennett, Dan Duryea, Margaret Lindsay, Vladimir Sokoloff, Rosalind Ivan
Drehzeit: 8 Wochen

Cloak and dagger – Im Geheimdienst
1946
United States Pictures – W.B.
Spieldauer: 106 Minuten
Produktion: Milton Sperling
Drehbuch: Albert Matz und Ring Lardner Jr., nach Boris Ingster und John Larkin, nach einer Idee von Corey Ford und Alastair Mac Bain
Kamera: Sol Polito
Musik: Max Steiner
Bauten: Walter Tilford

Schnitt: Christian Nyby
Darsteller: Gary Cooper, Lilli Palmer, Robert Alda, Vladimir Sokoloff, Rosalind Lyons, J. Edward Bromberg, Marjoric Hoschelle, Helene Thimig

X Secret behind the door GEHEIMNIS HINTER DER TÜR
1946
Diana-Universal
Spieldauer: 98 Minuten
Produktion: Fritz Lang, Walter Wanger, Joan Bennett
Drehbuch: Silvia Richards, nach der Novelle »Museum Piece no. 13« von Rufus King
Kamera: Stanley Cortez
Musik: Miklos Rozsa
Bauten: Russell A. Gausmanx, John Austin
Darsteller: Joan Bennett, Michael Redgrave, Anne Revere, Barbara O'Neill, Celia Moore, Natalie Schafer, Paul Cavanagh, Rosa Rey, James Seay, Mark Dennis
Drehzeit: 9 Wochen

House by the river
1949
Fidelity Pictures Corporation - Republic
Spieldauer: 88 Minuten
Produktion: Howard Welsh
Drehbuch: Mel Dinelle, nach A.P. Herbert
Kamera: Edward Cronjager
Musik: R. Dale Butts
Bauten: John McCarthy Jr., Charles Thompson
Darsteller: Louis Hayward, Jane Wyatt, Lee Bowman, Dorothy Patrick, Ann Shoemaker, Jody Gilbert, Peter Brocco, Howland Chamberlain, Sarah Padden, Kathleen Freeman, Will Wright, Leslie Kimmell, Effie Laird, Margaret Seddon
Drehzeit: 6 Wochen

American guerrilla in the philippines – Der Held von Mindanao
1950
20th Century Fox
Spieldauer: 105 Minuten
Produktion: Lamar Trotti
Drehbuch: Lamar Trotti, nach einem Roman von Ira Wolfert
Mitregie: Robert D. Webb
Kamera: Jarry Jackson (Technicolor)
Musik: Cyril Mockridge
Bauten: Thomas Little und Stuart Reiss
Darsteller: Tyrone Power, Micheline Presle, Tom Ewell, Bob Patten, Tommy Cock, Juan Torena, Jack Elam, Robert Barrat, Carlton Young, Chris de Vera, Miguel Azures, Eddie Infante, Erlinde Cortess, Rosa del Rosario, Haty Ruby
Drehzeit: 8 Wochen

Rancho notorious – Engel der Gejagten
1951
Fideltiy Pictures Corporation – R.K.O.
Spieldauer: 89 Minuten
Produktion: Howard Welsh
Drehbuch: Daniel Taradash, nach Sivia Richards
Kamera: Hal Mohr (Technicolor)
Musik: Emil Newman
Bauten: Robert Priestley
Darsteller: Marlene Dietrich, Arthur Kennedy, Mel Ferrer, Gloria Henry, William Frawley, Lisa Ferraday, John Raven, Lloyd George, Jack Elam, George Reeves, Frank Ferguson, Frances Mac Donald, Dan Seymour, John Kellogg, Rodric Redron, Stuart Randell, Royle Anderson

Clash by night – Vor dem neuen Tag
1951
Produktion: Jerry Wald und Norman Kmasna – RKO
Spieldauer: 105 Minuten
Produktionsleitung: Harriet Parsons
Drehbuch: Alfred Hayes, nach dem Stück von Clifford Odets
Kamera: Nicholas Muzuraka
Musik: Roy Webb
Bauten: Albert S. D'Agostino
Darsteller: Barbara Stanwyck, Robert Ryan, Paul Douglas, Marilyn Monroe, Keith Anders, John Carrol-Nash
Drehzeit: 5 Wochen

X**The blue gardenia** –Gardenia, eine Frau will vergessen
1952
Produktion: Blue Gardenia Corporation – Gloria Film – Warner Bros
Spieldauer: 90 Minuten
Produktion: Alex Gottlieb
Drehbuch: Charles Hoffmann nach dem Buch von Vera Caspary
Kamera: Nicholas Muzuraka
Musik: Raoul Kraushaar
Bauten: Daniel Hall und Edward Mann
Darsteller: Anne Baxter, Richard Coute, Ann Southern, Raymond Burr, Jeff Donell, Richard Erdman, George Reeves, Ruth Storey, Ray Walker, Nat King Cole
Drehzeit: 4 Wochen

The big heat – Heißes Eisen
1953
Columbia
Spieldauer: 90 Minuten
Produktion: Robert Arthur
Drehbuch: Sidney Boehm nach einem Roman von William P.

MacGiven
Kamera: Charles Lang jr.
Musik: Daniele Amfitheatrof
Bauten: William Kierman
Darsteller: Glenn Ford, Gloria Grahame, Jocelyne Brando, Lee Marvin, Alexander Scourby, Jeannette Nolan, Peter Witney, William Bushey
Drehzeit: 5 Wochen

Human desire – Lebensgier
1954
Columbia
Spieldauer: 90 Minuten
Produktion: Lewis J. Rackmil
Buch: Alfred Hayes nach »La Bete Humaine« von Emile Zola
Kamera: Burnett Guffey
Musik: Daniele Amfitheatrof
Bauten: William Kiernan
Darsteller: Glenn Ford, Gloria Grahame, Broderick Crawford, Edgar Buchanan, Kathlyn Case, Peggy Malley, Dianne Delair
Drehzeit: 6 Wochen

Moonfleet – Das Schloß im Schatten
1954
MGM
Spieldauer: 89 Minuten
Produktion: John Houseman
Drehbuch: Jan Lustig und Marget Fitts nach dem Roman von John Meade Falkner
Kamera: Robert Planck Cinemascope – Eastmancolor
Musik: Miklos Rozsa
Bauten: Cedrick Gibbons und Hans Peters
Darsteller: Stewart Granger, George Sanders, Joan Greenwood, Viveca Lindfors, John Whiteley, Liliane Montevecchi
Drehzeit: 6 Wochen

While the city sleeps – Die Bestie
1955
Thor Production – RKO
Spieldauer: 100 Minuten
Produktion: Bert E. Friedlob
Drehbuch: Casey Robinson, nach dem Roman »The Bloody Spur« von Charles Epstein
Kamera: Ernest Lazlo (Superscope)
Musik: Herschel Burke Gilbers
Bühnenbild: Jack Mills
Schnitt: Verna Fields
Darsteller: Dana Andrews, Rhonda Fleming, Ida Lupino, George Sanders, Sally Forrest, Thomas Mitchell, Wincent Price, Howard Duff, James Craig, John Barrymore jr., Vladimir Soboloff, Robert Warwick, Andrew Lupino, Mea Marsh
Drehzeit: 5 Wochen

Beyond a reasonable doubt – Jenseits allen Zweifels
1956
RKO
Spieldauer: 89 Minuten
Produktion: Bert E. Friedlob
Drehbuch: Douglas Morrow
Kamera: William Snyder
Musik: Herschel Gurk Gilbert
Bauten: Darrell Silvera
Darsteller: Dana Andrews, Joan Fontaine, Sidney Blackmer, Philip Bourneuf, Barbara Nichols
Drehzeit: 4 Wochen

Der Tiger von Eschnapur – **Das indische Grabmal**
1958
CCC – Film Artur Brauner – Regina Films – Criterion Films – Rizzoli Films
Spieldauer: 97 Minuten/101 Minuten

Produktion: Louis de Masure und Eberhard Meichsner
Drehbuch: Werner Jörg Lüddecke nach dem Roman von Thea von Harbou
Kamera: Richard Angst – Eastman Color
Ton: Clemens Tütsch
Musik: Michel Michelet
Bauten: Willi Schatz und Helmuth Nentwig
Darsteller: Debra Paget, Paul Hubschmid, Walther Reyer, Valeriy Inkiyinloff, Claus Holm, Sabine Bethmann, Luciana Paoluzzi, René Deltgen
Drehzeit: 11 Wochen

Die tausend Augen des Dr. Mabuse
1960
C.C.C. Film Artur Brauner – Criterion Films – Cei-Incom
Drehbuch: Fritz Lang und Heinz Oskar Wuttig nach einer Idee von Jan Fethke
Kamera: Karl Loeb
Musik: Bert Grund
Bauten: Erich Kettelhut und Johannes Ott
Schnitt: Walter und Waltraut Wischnewsky
Darsteller: Dawn Addams, Marie Luise Nagel, David Cameron, Gert Froebe, Peter van Eyck, Werner Peters, Wolfgang Preiss, Howard Vernon, Andrea Cecchi

Register

Abel, Alfred *47 f., 87, 94, 99 f.*
Addams, Dawn 250
Adler, Luther 159
Adorno, Theodor 238
Albers, Hans 170 f.
Alberti, Fritz *111*
Alper, Gitta 166
Ambrosio, Arturo 67
American Guerilla in the Philippines 223 f., 263
Andrews, Dana 236
Angst, Richard 240, 247
Armstrong, Neil 128
Arnold, Gertrud *64–65, 68*
Aufricht, Ernst Josef 152

Baker, Graham 189
Baruch, Eugen 19
Bausback, Dr. Ferdinand 111, 113
Bellah, James Warner 183
Bennett, Joan *213 ff., 216,* 222
Bentley, Eric 204
Beregi, Oskar *161*
Bergner, Elisabeth 160
Bertelsmann, Lotte 126
Bethmann, Sabine *239*
Beyer, Uwe 238
Beyond a reasonable Doubt 7, 236 f., 266
Big Heat, The 230 f., 264
Blue Gardenia, The 228, 230, 264
Boyer, Charles 171
Brando, Marlon 239
Brauner, Arthur 7, 238 ff., 241, 246, 249, 252
Brauner, Maria *253*
Brecht, Bertolt 97, 142, 152, 194, 204 ff.
Breitensträter, Hans 81
Brown, Henry Joe 200

Capra, Frank 209
Carstairs, John Paddy 173
Cebotari, Maria 163
Chaplin, Charles Spencer 80, 137, 189

Charell, Eric 170
Churchill, Sir Winston 203
Clair, René 188
Clash by Night 225, 228, 231, 264
Cloak and Dagger 218 f., 261
Cohn, Bernhard 185
Colpet, Max 166
Cooper, Gary *219,* 221
Cooper, Jackie *197*
Cormack, Bartlett 184
Courant, Curt *127,* 129
Courtade, Francis 210
Crawford, Broderick *231,* 232
Cronjager, Edward 199
Cukor, George 173
Czinner, Paul 160

Dagover, Lil *22,* 28, *30 ff., 33, 38, 47*
Davey, Allen M. 199
Deltgen, Reneé 246, *253*
DeMille, Cecil B. 199
Dempsey, Jack 81
Deyers, Lien 114
Diener, Franz 81
Diessl, Gustav 163
Dieterle, William (Wilhelm) 183
Dietrich, Marlene 42, 170, 225 f.
Döblin, Alfred 183
Dr. Mabuse, der Spieler 45, 50 ff., 140, 155, 177, 191, 246
Donlevy, Brian *209, 211*
Dor, Karin 238
Douchet, Jean 192, 232
Dupont, E. A. 166
Duryea, Dan *214, 216*

Eichberg, Richard 122, 243
Eisenstein, Sergej M. 84
Estabrook, Howard 173
Eyck, Peter van *251*

Fairbanks sr., Douglas 38 f., 79, 189
Falck, Norbert 170
Falkner, John Meade 232
Fanck, Dr. Arnold 122

Ferrer, Mel *226*
Feuchtwanger, Lion 183
Feuchtwanger, Martha 183
Fitts, Margaret 232
Fleisser, Marie-Luise 152
Fodor, Ladislaus 238
Fonda, Henry *190* f., 192, *197*
Ford, Glenn *229* f., *231,* 232
Frank, Harry *22* f.
Frank, Leonhardt 136
Frau im Mond 7, 127 ff., 133 ff., 137, 163, 179
Frau mit den Orchideen, Die 18, 20, 174
Freund, Karl 84, 92, *101,* 120
Friedell, Egon 11
Fritsch, Willy 41, 71, *112,* 114, *115,* 117 ff., *119,* 126, *128, 130* f., 135, 170, 191
Fröbe, Gert *250, 252*
Fröhlich, Gustav *15, 85, 96, 99,* 100, 136, 166
Froelich, Carl 164
Fury 7, 184 ff., 188 f., 194, 198, 257

Gabin, Jean 232
Gärtner, Adolf 14
Garbo, Greta 142, 172
Gargan, William *191*
Garrett, Oliver H. P. 183
George, Heinrich *87,* 100, *103*
Godard, Jean-Luc 247
Goebbels, Josef 164 f., 167, 169, 171 f.
Göring, Hermann 167
Goetzke, Bernhard 28, *29, 33, 36 ff., 47, 66, 68, 71*
Goldwyn, Samuel 79
Grahame, Gloria *230,* 232
Granach, Alexander 207
Granger, Stewart *233* f., 236
Greene, Graham 216
Greenwood, Joan *233*
Grey, Zane 198
Griffith, David Wark 67, 81, 188
Gross, Walter *253*
Gründgens, Gustaf *147,* 154
Guffey, Burnett 232

Halbblut 7, 20 f., 22, 175

Hangmen Also Die 97, 204 f., 208 ff., 211, 260
Hansen, Joachim *253*
Hansson, Lars 136
Harakiri 22, 175
Harbou, Thea von 20, 24 ff., 37, 41 f., *43,* 45, 53, 67, 82, 105, 126, 135, 137, 139, 154, 159 f., 170, 186, 240
Harvey, Lilian 60, 170
Hauptmann, Elisabeth 152
Hawkins, Jack *253*
Hellman, Sam 196
Helm, Brigitte *93, 98,* 100 f., *103* f.
Henniger, Rolf 238
Herlth, Robert 30
Herr der Liebe, Der 20, 22, 175
Heymann, Werner Richard 120
Hilde Warren und der Tod 18, 174
Hillard, Gustav 12
Hitchcock, Alfred 9, 197, 209 f.
Hitler, Adolf 142, 159, 162, 183, 203 f.
Hochzeit im Exzentrikklub, Die 18, 174
Hörbiger, Paul 116
Hoffmann, Carl 20, 50, 55, 60, 120
Holm, Claus *253*
Hope, Frank 183
Horn, Camilla 109
House by the River 222, 262
Household, Geoffrey 203
Hübsch, Erner 22
Hubschmid, Paul *253*
Hugenberg, Alfred 113
Human Desire 230 ff., 265
Hunte, Otto 53, 55, 129
Huszar(-Puffy), Karl *30, 46*

indische Grabmal, Das 20, 25, 239, 241, 244, 246, 248, 266

Jacques, Norbert 45, 160
Jannings, Emil *39,* 41, *77,* 109, 170
Janowitz, Hans 44, 170
Janssen, Walter 28, 33
Jeßner, Leopold, 154, 166, 207
John, Georg 154, 191
Junghans, Wolfram 80
Junkermann, Hans 100
Jülich, Herta 80

Kallmann, Felix 79
Katscher, Leo 159
Kennedy, Arthur 226
Kettelhut, Erich 53, 55, *57*
Klein-Rogge, Rudolf 25, *46 ff.*, 50, 60, 71, *93 f.*, 114, *116*, *161*, 163, 191
Klitsch, Ludwig 113, 132, 164 f.
Koffler, Leo 20
Kortner, Fritz 120, 204
Koster, Henry 183
Kräly, Hans 170
Krasna, Norman 183, 194
Kraus, Karl 11
Krell, Max 45
Kubaschewski, Ilse 239
Kuh, Anton 11

Laemmle, Carl 79
Lamprecht, Gerhard 122
Landgut, Inge *145*, 192
Lang, Anton 12
Lang, Paula 12
Langlois, Henri 9
Lanner, Margarete *96*
Latimer, Jonathan 203
Latté, Lily 8, 168, 218 f., *255*
Lavine, Maurice 184
Ledoux, Fernand 232
Lee, Anna *208 f.*
Lenya, Lotte 194
Lettinger, Rudolf *22*
Lewis, Joseph H. 193
Ley, Willy 126
Liebmann, Robert 170
Liliom 180, 193
Lloyd, Frank 199
Löb, Karl 247
Lom, Herbert 238
Loos, Theodor *62–63*, *68*, *71*, *73*, 154, 163
Lorre, Peter *143*, *145 f.*, 151 ff., 155, 166
Losey, Joseph 159
Lubitsch, Ernst 39, 41, 55, 67, 79, 183, 194
Lübke, Heinrich 247
Lüddecke, Werner Jörg 242, 247
Lustig, Jan 232

M 7, 9, 142 ff., 146 f., 153 ff., 159, 163, 179, 185, 191 f., 211, 237, 247
MacGowan, Kenneth 195 f., 203
MacLane, Barton *191*
Maenz, Änne 41
Mahal, Taj 237
Man Hunt 203 f., 222, 259
Mankiewicz, Joseph L. 183 f.
Mann, Heinrich 183, 204
Mann, Thomas 183, 204
Marlow, Maria 238
Marr, Hans *26*
Martin, Karl-Heinz 171
Martin, Paul 170
Marvin, Lee *229*
Matejko, Theo 49
Maugham, W. Somerset 196
Maurus, Gerda 114, *116*, 118 f., 126, *128*, *130*, 135, 191, 210
May, Joe *15*, 16, 20, 24 f., *39*, 42, 55, 122, 136, 240
May, Karl 198
May, Mia 16, *24 ff.*, 42
Mayer, Carl 44, 170
Mayer, Louis B. 188
McCarey, Leo 209
Metropolis 8, 57, 83 ff., 87, 92, 94 ff., 98 ff., 103 ff., 113, 122, 126, 156, 166, 178, 191, 224
Ministry of Fear 210 f., 260
Monroe, Marilyn 225, 228
Montevecchi, Liliane *234*
Moonfleet 8, 232 ff., 265
Mourlet, Michael 222
müde Tod, Der 8 f., 28, 31 f., 33, 36 ff., 44, 76, 80, 119, 156 f., 159, 176, 216, 247
Müller, Hans Carl *23*, *71*
Müller, Renate 207
Murnau, Friedrich Wilhelm 105, 109

Nebenzahl, Seymour 141 f., 159 f.
Neumann (Newman), Alfred 194
Nibelungen, Die 8 f., 52 f., 57 ff., 61 ff., 66 ff., 71, 73 f., 78, 81, 86, 100, 120, 122, 163, 165 f., 177 f., 191, 224
Nichols, Dudley 203
Nitschmann, Erich 37
Nugent, Frank S. 195

Oberth, Hermann 126
Ondra, Anny 207
Ostermayr, Peter 17 f.
Oswald, Richard 122, 142
Ozeray, Madeleine 171

Pabst, Georg Wilhelm 142, 188
Paget, Debra *241, 246*
Paige, Carol 195
Palmer, Lilli *219*, 221, 225
Parlo, Dita 136
Peitsche, Die 15
Pest in Florenz 18, 20, 174
Petersson, Harald 238
Pick, Lupu *110 f.*, 117
Pickford, Mary 39, 189
Platen, Karl *31*
Pohl, Klaus 126, *130*, 134 f., *162*
Pommer, Erich 7, 18 ff., 22, 38, *39*, 44, 53, 56, 60, *77*, 78, 80 f., 84, 100, 105, 109, 136, 166, 169 f., 181
Porter, Edwin S. 196
Power jr., Tyrone *223*, 224
Pozner, Vladimir 204
Praskins, Leonard 184
Preiss, Wolfgang *252*
Preminger, Otto 221
Presle, Micheline *223*
Preßburger, Arnold 206 f.
Prien, Niels *22 f.*
Putti, Lya de 109

Quandt, Harald 172

Raft, George 194
Raine, Norman Reilly 159
Ralph, Hanna *62–63*
Rancho Notorious 224, 226 f., 263
Rapée, Ernö 120
Rasp, Fritz 126, *129*, 134 f., 191
Rehkopf, Paul *36*
Reichert, Ernst 15 f.
Reinhardt, Max 12 f., 67, 207, 221
Reinl, Dr. Harald 238
Reisch, Walter 170, 183
Renoir, Jean 215, 232
Return of Frank James, The 197 f., 200, 258
Reyer, Walther *239*, 242

Reynolds, Marjorie 210
Richter, Paul 53 ff., *58 f.*, 60, *61 ff.*, 68
Rippert, Otto 18, 20
Rittau, Günther 55, 60, 84, 86, 120
Robinson, Edward G. 212, *213, 217*
Roehrig, Walter 29, 32 f.
Roosevelt, Franklin D. 203
Rotha, Paul 12
Ruttenberg, Joseph 187

Saalfrank, Hermann 37
Sagan, Leontine 166, 173
Sakilkower, Hermann 19
Salt, Waldo 159
Samson-Körner, Paul 81
Sanders, George *234*
Scarlett Street 156, 214 ff., 221 f., 231, 261
Schlettow, Hans Adalbert von 50, *62–63, 68, 71, 75*
Schmeling, Max 81, 207
Schön, Margarete *54, 64 ff.*, 68
Schüfftan, Eugen 83 f.
Schünzel, Reinhold 207
Scott, Randolph *200*
Secret beyond the Door 222, 262
Selznick, David O. 172 f., 182
Selznick, Irene 173, 182
Selznick, Myron 173
Sendung des Yogi, Die 176
Serda, Julia 100
Sharp, Henry 210
Sherry, Craighall *111*, 117, *119*
Sidney, Sylvia 187, 190, *191*, 192, 194
Sierck, Detlef 166
Simon, Simone 232
Söhnker, Hans 239
Spinnen, Die 20, 22, 44, 175 f., 210
Spione 7, 110 ff., 114 ff., 120 ff., 126, 155, 178, 191, 210, 247
Sprado, Dr. Karl 238
Stahl-Nachbaur, Ernst 154
Stanwyck, Barbara 228
Stark-Gstettenbauer, Gustl 126, *128*, *130 f.*, 135
Sternberg, Hans *29*
Sternberg, Josef von 50, 170, 227
Stössel (auch Stossel), Ludwig 221
Stresemann, Gustav 76

Stroheim, Erich von 188
Swanson, Gloria 225

tausend Augen des Dr. Mabuse, Die 7, 210, 246, 248, 250 ff., 267
Taylor, Estelle 81
Testament des Dr. Mabuse, Das 161 ff., 171 f., 180 f., 191, 246 f.
Thalberg, Irving G. 172
Thiele, Herta 173
Thiele, Wilhelm (auch William) 166
Thimig, Helene 221
Tiger von Eschnapur, Der 20, 25, 239, 241 f., 249, 266
Toelle, Carola 26
Towne, Gene 189
Tracy, Spencer 7, 187

Van Upp, Virginia 194
Veidt, Conrad 109
Vidor, King 209
Viertel, Salka 183
Vier um die Frau, Die 26, 176
Vogt, Carl de 22
Vollbrecht, Karl 56, 58
Vuillermoz, Emile 76

Wagner, Fritz Arno 33, 119, 163, 247
Walpole, Hugh 173
wandernde Bild, Das 24 f., 176
Wangenheim, Gustav von 126, *130 f.*, 133 ff.

Wanger, Walter 188 f., 221
Warm, Hermann 36
Waxmann (auch Waxman), Franz 171, 187, 194
Wayne, David 159
Weill, Kurt 194
Wernicke, Otto 154, *162,* 163
Western Union 199 ff., 210, 224, 259
Wexley, John 206
While the City Sleeps 236, 266
Whiteley, Jon *234*
Widmann, Ellen 192
Wieck, Dorothea 173
Wiene, Dr. Robert 45 f., 166
Wilder, Billie (später Billy) 166, 183, 225, 228
Winterstein, Eduard von *32*
Wischnewski, Siegfried 238
Wolff, Otto 113
Woman in the Window, The 156, 212 ff., 216, 222, 231, 260
Wuttig, Heinz Oskar 247
Wynne-Jones, Frederick 79

You and me 192, 194 f., 198, 258
You only live once 189 f., 191 ff., 194, 257

Zanuck, Darryl F. 195 f.
Zelnik, Friedrich 122
Zinnemann, Fred 183
Zuckmayer, Carl 77, 170, 195